CAMBRIDGE LIBRARY COLLECTION

Books of enduring scholarly value

Spiritualism and Esoteric Knowledge

Magic, superstition, the occult sciences and esoteric knowledge appear regularly in the history of ideas alongside more established academic disciplines such as philosophy, natural history and theology. Particularly fascinating are periods of rapid scientific advances such as the Renaissance or the nineteenth century which also see a burgeoning of interest in the paranormal among the educated elite. This series provides primary texts and secondary sources for social historians and cultural anthropologists working in these areas, and all who wish for a wider understanding of the diverse intellectual and spiritual movements that formed a backdrop to the academic and political achievements of their day. It ranges from works on Babylonian and Jewish magic in the ancient world, through studies of sixteenth-century topics such as Cornelius Agrippa and the rapid spread of Rosicrucianism, to nineteenth-century publications by Sir Walter Scott and Sir Arthur Conan Doyle. Subjects include astrology, mesmerism, spiritualism, theosophy, clairvoyance, and ghost-seeing, as described both by their adherents and by sceptics.

Franz Anton Mesmer's Leben und Lehre

Karl Kiesewetter (1854–95) was the most influential German theosophical writer of his time, and wrote several books on the history of esotericism and occultism. This biography of Mesmer (1734–1815) was first published in Leipzig in 1893. It begins with two very substantial historical chapters. The first discusses practitioners of 'animal magnetism' before Mesmer, citing evidence dating back to ancient Egyptian hieroglyphs and Babylonian cuneiform records. The second discusses the history of visions, dreams, trances, soothsaying and divination, referring to the Greeks and the Gnostics. The second half of the book focuses on Mesmer himself. It describes his childhood near Lake Constance, his university education in philosophy and medicine, his medical practice in Vienna and his interest in 'cosmic magnetism'. It documents his treatments and the controversies they caused, his travels, his benefactors and detractors, and ends with a summary of his theories including extracts from his work.

T0382208

Cambridge University Press has long been a pioneer in the reissuing of out-of-print titles from its own backlist, producing digital reprints of books that are still sought after by scholars and students but could not be reprinted economically using traditional technology. The Cambridge Library Collection extends this activity to a wider range of books which are still of importance to researchers and professionals, either for the source material they contain, or as landmarks in the history of their academic discipline.

Drawing from the world-renowned collections in the Cambridge University Library, and guided by the advice of experts in each subject area, Cambridge University Press is using state-of-the-art scanning machines in its own Printing House to capture the content of each book selected for inclusion. The files are processed to give a consistently clear, crisp image, and the books finished to the high quality standard for which the Press is recognised around the world. The latest print-on-demand technology ensures that the books will remain available indefinitely, and that orders for single or multiple copies can quickly be supplied.

The Cambridge Library Collection will bring back to life books of enduring scholarly value (including out-of-copyright works originally issued by other publishers) across a wide range of disciplines in the humanities and social sciences and in science and technology.

Franz Anton Mesmer's Leben und Lehre

Nebst einer Vorgeschichte des Mesmerismus,
Hypnotismus und Somnamulismus

KARL KIESEWETTER

CAMBRIDGE UNIVERSITY PRESS

Cambridge, New York, Melbourne, Madrid, Cape Town, Singapore,
São Paolo, Delhi, Dubai, Tokyo, Mexico City

Published in the United States of America by Cambridge University Press, New York

www.cambridge.org
Information on this title: www.cambridge.org/9781108072779

© in this compilation Cambridge University Press 2011

This edition first published 1893
This digitally printed version 2011

ISBN 978-1-108-07277-9 Paperback

Franz Anton Mesmer's Leben und Lehre.

Nebst einer

Vorgeschichte des Mesmerismus, Hypnotismus und Somnambulismus.

Von

Carl Kiesewetter.

Leipzig.
Verlag von Max Spohr.
1893.

Druck von Max Erhardt in Leipzig.

Erstes Kapitel.

Vorgeschichte des Mesmerismus und Hypnotismus.

„Er sprach zu Gehasi: Gürte deine Lenden, und nimm meinen Stab in deine Hand, und gehe hin (so dir Jemand begegnet, so grüße ihn nicht, und grüßet dich Jemand, so danke ihm nicht), und lege meinen Stab auf des Knaben Antlitz. Die Mutter aber des Knaben sprach: So wahr der Herr lebet und deine Seele, ich lasse nicht von dir! Da machte er sich auf und ging ihr nach. Gehasi aber ging vor ihnen hin und legte den Stab dem Knaben auf das Antlitz; da war aber keine Stimme noch Fühlen. Und er ging wiederum ihm entgegen und zeigte ihm an und sprach: Der Knabe ist nicht aufgewacht. Und da Elisa ins Haus kam, da lag der Knabe tot auf seinem Bette. Und er ging hinein und schloß die Thüre zu für sie Beide und betete zu dem Herrn. Und stieg hinauf und legte sich auf das Kind, und legte seinen Mund auf des Kindes Mund, und seine Augen auf seine Augen, und seine Hände auf seine Hände, und breitete sich also über ihn, daß des Kindes Leib warm ward. Er aber stand wieder auf und ging im Hause hierher und daher, und stieg hinauf breitete sich über ihn: Da schnaubte der Knabe siebenmal, darnach that der Knabe seine Augen auf. Und er rief Gehasi und sprach: Rufe die Sunamitin. Und da er sie rief, kam sie hinein zu ihm. Er sprach: Da nimm hin deinen Sohn.   (2. Könige, 29—36.)

Dr. Karl du Prel sagt irgendwo, es sei unerhört, daß noch nicht einmal eine Biographie Mesmers existiere, und daß die Deutschen von dem, was dieser große Mann lehrte, eigentlich gar nichts wüßten. Dies ist vollkommen richtig, und die Deutschen verleugnen auch hier den bekannten Charakterzug nicht, daß sie, ehe sie eine Seite objektiven Thatbestandes zur Darstellung bringen, lieber von irgend einem aprioristischen Standpunkt aus einen dicken Band voll subjektiver Anschauungen über die besagte Seite zu Tag fördern, was man dann mit dem eben so schönen als gemißbrauchten Namen „Kritik" bezeichnet.

Noch weniger bekannt als Mesmers Heilmethode ist die Thatsache, daß dieselbe lange vor ihm ausgeübt wurde, und daß über ein Jahrhundert vor ihm Systeme über magnetische Beeinflussung aufgestellt worden waren, daß also Mesmer die Entdeckung des Lebensmagnetismus als reife Frucht in den Schoß fiel, gerade wie Newton das Gravitationsgesetz nach den bahnbrechenden Entdeckungen Keplers.

Mesmer heilte seine Kranken bekanntlich durch magnetische Manipulationen, ohne Somnambulismus zu erzeugen, was erst Puységur that, und stellte in siebenundzwanzig Sätzen eine Theorie über den von ihm sogenannten Magnétisme animal auf. Wir haben also zu untersuchen, inwieweit man vor Mesmer durch ähnliche Manipulationen ohne Erzeugung von Hellsehen heilte und den seinigen analoge Theorien aufstellte. Da sich jedoch Mesmer in der ersten Periode seiner Thätigkeit bei seinen Kuren der Mineralmagnete bediente, müssen wir ferner auch kurz zusehen, inwieweit auch diese Heilart vor Mesmer gebräuchlich war.

Und in der That ist die lebensmagnetische Heilart uralt. Denn untersuchen wir die Urkunden der eigentlichen Geschichte bis zu den Hieroglyphen Ägyptens hinauf, so sehen wir, daß die Kenntnis des Mesmerismus und des heilenden Ein-

fluſſes eines Menſchengeiſtes auf den andern zu allen Zeiten
vorhanden war und als ſorgſam gehütetes Geheimgut Ein=
zelner oder ganzer Kaſten geübt wurde. Wo uns aber dieſe
Urkunden im Stiche laſſen, da führt uns die Keilſchriftlitte=
ratur der Länder am Euphrat und Tigris in eine graue
Vorzeit ein, von der jede andere Überlieferung erloſchen
iſt, und zeigt uns, daß das älteſte uns vor nicht erſt langer
Zeit bekannt gewordene vorgeſchichtliche Kulturvolk der Erde,
die Akkader, dieſe Zweige des Occultismus ebenſogut kannten
und gebrauchten wie unſere modernen Heilmagnetiſeure.

Nach akkadiſchen Glauben waren alle Krankheiten ein
Werk kosmiſcher Dämonen, woraus ſich die ſchon Herodots
Aufmerkſamkeit erregende Thatſache erklärt, daß es bei den
Erben der Akkader, den Babyloniern und Aſſyrern, keine
Ärzte in unſerem Sinne gab; die Medizin war keine rati=
onelle Wiſſenſchaft wie in Griechenland, ſondern ein Zweig
der Magie, welche — in gutem Sinn — hier mit der Re=
ligion zuſammenfiel. Das ärztliche Verfahren beſtand in
Beſchwörungen, Exorcismen und der Anwendung von Zauber=
tränken, wodurch allerdings nicht ausgeſchloſſen iſt, daß man
ſich bei der Zubereitung der letzteren nicht auch einer Anzahl
von Subſtanzen bediente, deren Heilkraft die Erfahrung ge=
lehrt hatte.

Die Auffaſſung, daß die Krankheiten das Werk feind=
licher Dämonen ſeien, welche durch Exorcismen vertrieben
werden müſſen, zieht ſich bekanntlich durch die ganze Ge=
ſchichte, und dieſe Beſchwörungen wären wohl kaum zu allen
Zeiten geübt worden, wenn ſie nicht zuweilen wirkſam ge=
weſen wären. Die ſo von und bei geeigneten Perſönlichkeiten
erzielten ſuggeſtiven Heilungen beſtärkten natürlich den
Glauben an die objektive Wahrheit des den Beſchwörungen
zu Grunde liegenden jeweiligen Dogmas, welcher Irrtum
zur Zeit der „Aufklärung" Veranlaſſung wurde, das Kind

mit dem Bade auszuſchütten und mit der falſchen Voraus=
ſetzung auch den thatſächlich erzielten Erfolg preiszugeben.
Die durch Exorcismen erzielten Heilungen ſind ganz einfach
als mind-cures zu betrachten, in denen eine willenskräftig
liebevolle, durch die dem jeweiligen Kulturzuſtand entſprechende
Beſchwörung gläubig erregte Pſyche auf eine andere ſchwäche=
re wirkt.

In der berühmten Prieſterſchule zu Erech wurde ſeit
altersgrauer Zeit ein mit aſſyriſcher Interlinearverſion ver=
ſehenes Werk aufbewahrt, in welchem alles magiſche Wiſſen
der Akkader niedergelegt war und von dem Aſſurbanhabal
im 7. Jahrhundert vor Chriſto eine zum größten Teil noch
erhaltene Abſchrift anfertigen ließ.[1] Das zweite Buch dieſes
Werkes enthält die Krankheitsbeſchwörungen, welche alle nach
einem Muſter geformt ſind: Eine Erklärung der Krankheit
und ihrer Symptome macht den Anfang und füllt den größe=
ren Teil der Beſchwörung aus, worauf die Wünſche nach
Geneſung, oder aber auch eine an die Krankheit ſelbſt[2] ge=
richtete kategoriſche Aufforderung, ſich zu entfernen, den Schluß
bilden. Manchmal erhält die Beſchwörung zum Schluß eine
dramatiſche Form, und es entſpinnt ſich dann ſtets ein Di=
alog, in welchem der höchſte Gott Ea[3] von ſeinem Sohne
Silik=mulu=khi, dem Mittler zwiſchen Ea und den Menſchen,
darum angegangen wird, das gewünſchte Heilmittel nach=
zuweiſen.

---

[1] Rawlinſon fand die betr. Thontafeln im Jahre 1866, und
F. Lenormant bearbeitete die Texte in ſeinen „Geheimwiſſenſchaften
Aſiens“, Jena, 1878, welchem Werk ich hier folge. — Das Akkadiſche
war zur Zeit Aſſurbanhabals ſchon vielleicht ſeit 2000 Jahren eine
tote Sprache.

[2] Die Krankheit wird zuweilen auch als perſönliches Weſen gedacht.

[3] Der Oannes des Beroſus.

Manchmal sind diese Heilmittel magnetische, wie z. B. magnetisiertes Wasser, Transplantation der Krankheit und magnetisierte Amulette. Ein Beispiel für den Gebrauch magnetisierten Wassers liefert uns eine längere Beschwörung, deren Anfang leider verstümmelt ist; der Text beginnt mit den Worten:[1])

„Die Krankheit der Stirn ist der Hölle entsprungen,
Sie ist dem Wohnsitz des Gebieters der Hölle entsprungen."

Im folgenden werden die besonderen Symptome des Leidens charakterisiert; es wird von der „anschwellenden Geschwulst" und „beginnender Eiterung" sowie von der Gewalt des Übels gesprochen, welches „die Wände des Kopfes gleich denen eines morschen Schiffs zersprengt". Vergeblich hat der Kranke die Wirkung der reinigenden Gebräuche versucht; sie vermochten die der Hölle entstammende Plage nicht zu bemeistern.

„Er hat sich gereinigt und hat den Stier nicht gebändigt,
Er hat sich gereinigt und hat den Büffel nicht in's Joch gespannt:

Trotzdem läßt das Übel nicht ab, den Kranken „gleich Heuschreckenschwärmen" zu benagen; da schreiten endlich die Götter ein und von jetzt ab lautet der Text:

„Silik-mulu-khi hat ihm Beistand geliehen;
Er ist in seines Vaters Behausung getreten und hat zu ihm gesprochen:
Mein Vater! die Krankheit des Hauptes ist der Hölle entstiegen.
Ein zweites Mal hat er zu ihm gesprochen:
Was er dagegen thun soll, das weiß dieser Mann nicht; wie wird er dieselbe überwinden?
Er hat seinen Sohn Silik-mulu-khi erwidert:
Mein Sohn, weshalb weißt du das nicht? Warum soll ich's dich erst lehren?
Was ich weiß, das weißt du doch auch.

---

[1]) Lenormant, Th. I., Kap. 1.

Doch komme her, mein Sohn Silik=mulu=khi; . . . . . .[1]) nimm
den Eimer;

Schöpfe Wasser von der Spiegelfläche des Flusses;

Theile diesem Wasser deine hohe Zauberkraft mit;

Verleihe ihm durch deinen Zauber den Glanz der Reinheit.

Benetze mit ihm den Mann, den Sohn seines Gottes;

. . . . umhülle sein Haupt.

Daß der Irrsinn vergehe.

Daß die Krankheit seines Hauptes sich auflöse wie ein flüchtiger
Nachtregen!

Daß Ea's Vorschrift ihn heile.

Daß Davkina[2]) ihn heile!

Daß Silik=mulu=khi, des Ozeans Erstgeborener, das günstige Bild
schaffe!"

Nehmen wir, was hier zulässig ist,[3]) an, daß bei den
Akkadern wie bei den Egyptern der heilende Gott in der
Praxis durch einen Priester vertreten wird, so sehen wir in
dem letzten Passus der Beschwörungen gleichzeitig eine Vor=
schrift zur Herstellung magnetisirten Wassers vor uns, welches
angewendet wurde, wenn der Exorcismus oder — besser
gesagt — die geistige Heilkraft allein nicht stark genug war.

Daß man im alten Akkad auch eine Art mesmerisirter
Bäder kannte, ergiebt sich aus dem Inhalt des folgenden
Zauberspruches:[4])

„Fülle ein Gefäß mit Wasser;

. . . .[5])

Stelle einen Zweig von der weißen Ceder hinein;

Uebertrage demselben den Zauber, der von Eridhu[6]) herkommt;

---

[1]) Die Punkte bedeuten Lücken im Text.

[2]) Ea's Gemahlin.

[3]) Vgl. das zweite Kapitel des Lenormant'schen Werkes über den
Zusammenhang der akkadischen und ägyptischen Kultur.

[4]) Western Asia Inscriptions IV. 16,2.

[5]) Verstümmelter Text.

[6]) Beinamen Ea's.

Bekräftige sodann die Bezauberung dieses Wassers;
Vervollständige den göttlichen Zauber,
Reiche dieses Wasser dem Menschen:
Thue, was . . . . sein Haupt.
Den hinfälligen Menschen, Sohn seines Gottes, stelle wieder her!
. . . ' . . . . sein Zauberbild.
Beschwöre diesen Menschen.
Verleihe Heilkraft diesem bezauberten Wasser, auf daß
Ihn alle Folgen der Verwünschung verlassen.
Gleichzeitig, während dieses Wasser über seinem Körper zerrinnt,
Möge die Pest, die seinen Körper behaftet, zerrinnen wie dieses
            Wasser.
Fange dieses Wasser im Gefäße wieder auf
Und schütte es aus als Trankopfer auf die Seite der Landstraße,
Daß die Landstraße die Krankheit, die seine Kräfte zerstört, ent=
            führe."

Wie allbekannt, werden noch heute Bäder mesmerisiert,
indem man mit einem Stab — dem Konduktor — das in der
Wanne befindliche Wasser eine Zeit lang nach gleicher Rich=
tung kreisförmig umrührt,[1]) eine Manipulation, welche, wie
der Augenschein beweist, schon vor Jahrtausenden bekannt
war. Nach unserer Vorschrift scheint man das magnetisierte
Wasser sowohl zum Trinken als zu einer Art von Douche
verwendet zu haben. Das Ausgießen des Bades auf die
Landstraße ist eine sogenannte „Transplantation der Krank=
heit in die Elemente," wie sie noch heute bei den sogenann=
ten sympathetischen Kuren vielfach geübt wird, indem man
die mit der „kranken Mumie" erfüllten „Magnete" — um
diese klassisch gewordenen Ausdrücke der Paracelsisten beizu=
behalten — an die Luft oder in den Rauch hängt, vergräbt,
verbrennt, ausschüttet usw.

Der Zauberstab oder magnetische Konduktor spielt in
den Euphratländern eine große Rolle und heißt akkadisch

---

[1]) Vgl. Eckartshausen: „Aufschlüsse über Magie", München,
1791, Bd. I, S. 205.

gis-zida, der „günstige, wohlthätig wirkende Stab", oder gi-namekirru, „Rohr des Schicksals" und assyrisch qan mamiti, „Rohr des Schicksals" und qan pasari, „Rohr der Offenbarung". Als Schilfrohr ist der Zauberstab Attribut des heilenden Gottes Silik-mulu-khi, und es heißt von ihm:[1]

„Goldenes Schilfrohr, mächtiges Schilfrohr, leuchtendes
Schilfrohr der Kämpfe,
Heilige Streu der Götter,
Kupfernes Schilfrohr, das die Vollendung erhöht,
Ich bin der Bote des Silik-mulu-khi,
Der Verkünder hehrer Verjüngung."

Offenbar beziehen sich die dem Schilfrohr oder Zauberstabe beigelegten Bezeichnungen auf durch ihn hervorgerufenes Hellsehen oder erzeugte Heilungen, resp. wohlthätige allgemeine Wirkungen, und es gewinnt nach obiger Strophe den Anschein, als ob man sich auch metallener Konduktoren bedient habe. Vielleicht unterstützten die Erben der Akkader ihre religiösen Seher und Seherinnen, wie die Somnambule im Thurme zu Borsippa, durch Manipulationen mit dem Rohre der Offenbarung.

Einigen Aufschluß über die Anwendung magnetisierter Stoffe zu Heilzwecken in Verbindung mit magnetisiertem Wasser giebt uns folgender Zauberspruch, in welchem Ea die Mittel zur Heilung eines Kopfübels angiebt:[2]

„Nimm das Fell eines weiblichen Kameels, das sich nie begattete;
Die Zauberin[3] stelle sich zur Rechten, auch treffe sie ihre Vorbe-
reituung zur Linken;
Zertheile dieses Fell in zweimal sieben Stücke und theile ihnen den
Zauber mit, der da kommt von Eridhu.[4]

---

[1] Western Asia Inscriptions IV. 6. Col. 5.

[2] Western Asia Insriptions IV. 3., Col. 2, Z. 3—26.

[3] Demnach wurde die magnetische Heilkunde auch durch Frauen ausgeübt.

[4] D. h. man magnetisiere eine Kamelshaut wie heut zu Tage Papier oder Watte.

Umhülle das Haupt des Kranken,
Umhülle den Sitz seines Lebens,
Umhülle seine Hände und Füße.
Laſſe ihn ſich niederſetzen auf ſeinem Lager und
Benetze ihn mit den bezauberten Waſſern;
Daß die Krankheit ſeines Hauptes in den Himmelsraum entführt
werde gleich einem reißenden Sturmwind.
Daß ſie von der Erde verſchlungen werde wie die zeitweiſe über=
tretenden Waſſer![1]
Daß Ea's Vorſchrift ihn heile!
Daß Davkina ihn heile!
Daß Silik=mulu=khi, des Ozeans Erſtgeborener, dem Bilde die heil=
ſame Kraft verleihe!

Soviel über den Mesmerismus bei den Akkadern.

Ueber die Spuren des Mesmerismus und Hypnotismus
bei den Ägyptern verweiſe ich auf einen Aufſatz von Franz
Lambert in der Monatsſchrift Sphinx.[2] Der Verfaſſer er=
klärt darin die ſchon von Ennemoſer[3] erwähnten myſtiſchen
Figuren in den Werken Montfaucons[4] und Denons[5] für
Darſtellungen magnetiſch=hypnotiſcher Manipulationen.

Im Anſchluß daran will ich mitteilen, daß Ennemoſer
die von Apulejus erwähnten,[6] bei Prozeſſionen umherge=
tragenen „Hände des Iſis“ (auf einen Stab befeſtigte linke
Hände mit zwei eingeſchlagenen und drei ausgeſtreckten
Fingern) für Sinnbilder von magnetiſchen Heilungen erklärt,[7]
welche die Göttin durch die Hand ihrer Prieſter ausübte.
Ganz gleiche von Gold gefertigte Hände gehörten z. B. zu
den Inſignien der byzantiniſchen und karolingiſchen Kaiſer

---

[1] Auch hier begegnen wir wieder der Transplantation der Krank=
heit in die Elemente.
[2] Sphinx V. 25, S. 1 ff.
[3] Geſchichte der Magie, S. 380 ff.
[4] L'antiquité expliquée, Tom II.
[5] Voyage en Egypte.
[6] Metamorphos. 1. 11.
[7] Geſchichte der Magie, S. 384.

sowie der fränkischen Könige und finden sich auch auf alten
Bildern des die Kranken heilenden Erlösers, der Heiligen
und der den Segen spendenden Päpste. Diese Hände hießen
in Frankreich in der älteren Zeit „königliche Hände", in
späterer Periode „Hände der Justiz." Jedoch sind diese
Hände stets linke, und es kann ihnen somit keine Symbolik
der (rechten) Schwurhand zu Grunde liegen; vielmehr wird
die Symbolik auf die „Hand des Herrn" der Bibel deuten,
welche den Propheten göttliche Erleuchtung, Sehergabe und
Kraft zu heilen brachte. Da man, wie wir sehen werden,
der Hand der französischen Könige eine besondere magische
Kraft zuschrieb, so ist diese Erklärung Ennemosers der „königlichen Hände" entschieden die richtigere.

Legion ist die Zahl der Stellen des alten Testamentes,
in denen von „der Hand des Herrn" und deren mystischen
Beziehungen zum Hellsehen, zur Prophetie und magischen
Heilung die Rede ist; wir können sie bei Seite lassen, ebenso
wie die in den Prophetenschulen allem Anschein nach geübte
Praxis der Erzeugung des Hellsehens und lebensmagnetischen
Heilens. Einige von den Propheten vollbrachte Heilungen,
wie die von Elisa ausgeführte Herstellung des scheintoten
Knaben, bieten in der That vollkommene Analogien mit
mesmerischer Beeinflussung. Wir werden z. B. speciell der
Methode Elisas, welcher sich auf den scheintoten Knaben
der Sunamitin legte, bei Paracelsus wieder begegnen, welcher
dieselbe bei der Heilung Wahnsinniger anwandte.

Auf die Frage, ob die von Christus und den Aposteln
ausgeführten Heilungen göttlicher oder magnetischer Natur
waren, haben wir uns hier nicht einzulassen. Gewiß ist,
daß das neue Testament überaus reichhaltig an Beispielen
von der heilenden Kraft des Händeauflegens ist. Die Heilkraft Christi wurde ausgeübt durch aktive und passive Berührung (Händeauflegen und Berührung des Kleides), durch
körperliche Ausscheidungen, durch Wort und Gebet, also

durch Suggestion, und endlich durch bloße magische Wirkung
des Glaubens und der Imagination, d. h. der Autosuggestion
und des direkten Einflusses von Geist zu Geist.

Da wurden Kindlein zu ihm gebracht, daß er die Hände auf sie
legte und betete. Die Jünger aber fuhren sie an. Aber Jesus sprach:
Lasset die Kindlein zu mir kommen und wehret ihnen nicht, denn solcher
ist das Himmelreich, und er legte die Hände auf sie." — „Und da die
Sonne untergegangen waren, brachten alle die, so Kranke hatten mit
allerlei Seuchen, sie zu ihm, und er legte auf jeden die Hand auf und
machte sie gesund."

Und so würden sich noch eine Menge Stellen über
Heilen und Handauflegen beibringen lassen.[1]

Eine Heilung durch die von Christus passiv geduldete
Berührung haben wir bei dem blutflüssigen Weibe vor uns,
welches geheilt wurde, als es nur den Saum seines Kleides
berührte.[2] — Die Frau kam durch diese Berührung mit
Christus in magnetischen Rapport, durch welchen Letzterer
ihren Glauben und ihre Gedanken erkannte. — Mag nun
vielleicht auch, wenn wir den Fall als historisches Faktum
festhalten wollen, der Glaube als Autosuggestion bei der
Kananäerin das Beste gethan haben, so ist doch immer der
Umstand hervorzuheben, daß man sich das bei diesen Heilungen
wirkende Agens als ein objektives Etwas, eine fluidische Kraft,
vorstellte, weil Christus fühlte, daß eine solche von ihm ge=
gangen war.

Eine Heilung durch körperliche Ausscheidungen, wie wir
dergleichen bei den später zu erwähnenden Ensalmadoren
und — man verzeihe mir die unschöne, aber wahre Paral=
lele — bei den Schlangendoktoren der Neger begegnen,
treffen wir in der Heilung des Taubstummen und Blindge=
borenen an.

„Und sie brachten zu ihm einen Tauben, der war stumm und sie

---

[1] Vgl. Matth. 9.18, Marc. 5.23, 6.5, 8.22, 10.13, 16.18, Luc.
5.13, 18.15, Joh. 9.17.

[2] Marc. 5.

baten ihn, daß er die Hand auf ihn legte, und er nahm ihn von dem
Volk besonders und legte ihm die Finger in die Ohren und spützte und
rührte seine Zunge, und sah auf zum Himmel und seufzte und sprach:
thue dich auf! und alsbald thaten sich seine Ohren auf, und das Band
seiner Zunge ward los, und er redete recht."[1]

Die Heilung war, wenn wir ihren ganzen Verlauf be=
trachten, augenscheinlich weit schwieriger, als die meisten an=
dern; es mußten zu psychisch=suggestiven Einwirkungen noch
organische — vielleicht auf Anthropinwirkung beruhende —
kommen, und der Blick zum Himmel wie das Seufzen Christi
beweisen, wie dieser alle in stenger Geheimzucht gesammelten
magischen Kräfte in sich konzentrierte und deren Band und
Siegel durch den Aufblick zum Himmel, d. h. durch die Ver=
bindung mit dem Urquell des Daseins, bestätigte. — Bei
der Heilung des Blindgeborenen[2] vermischte Jesus seinen
Speichel mit Erde, bestrich damit dessen Augen und befahl
ihm, sich im Teiche Siloa zu waschen. — Wir begegnen also
wieder einer magischen Kur, bei welcher das psychische Mo=
ment der Suggestion mit dem physischen der mesmerischen
und Anthropinwirkung gepaart ist.

Rein suggestive Heilungen, bei welchem Christus an den
Glauben der Leidenden appelliert, sind die des Aussätzigen,[3]
des Gichtbrüchigen,[4] des Menschen mit der verdorreten Hand,[5]
des seit achtunddreißig Jahren Kranken am Teiche von Bethes=
da[6] und des Knechtes des Hauptmanns von Kapernaum,[7]
welcher Fall noch mit magischem Fernwirken kompliziert ist.

Direkte magische Wirkung vom Geiste des mit allen
Kräften der Adeptschaft begabten Jesus auf den schwachen

---

[1] Marc. 7.33.
[2] Joh. 9, 1—7.
[3] Matth. 8, 5—10.
[4] Matth. 9.2, Marc. 2, 3—12.
[5] Matth. 12, Marc. 3.
[6] Joh. 5, 5—9.
[7] Matth. 8, 5—10.

Geist mystisch unentwickelter Menschen findet statt bei den Erweckungen vom Scheintod des Jünglings zu Nain,[1]) der Tochter des Jairus[2]) und des Lazarus,[3]) welchen Jesus selbst für nur scheintot erkannt hatte, als er sagte: „Diese Krankheit führt nicht zum Tode."

Das Auflegen der Hände wird im reichsten Maße von den Aposteln ausgeübt. So sagt Paulus:[4])

„Laßt nicht außer Acht die Gabe, die dir gegeben ist durch die Weissagung (d. h. die Erzeugung des künstlichen Somnambulismus, wie sie im Altertum so vielfach, z. B. beim Tempelschlaf, ausgeübt wurde,) mit Händeauflegung der Ältesten."

Und mit dem Auflegen der Hände thaten die Apostel, deren Seelenleben ein magisch hoch erregtes war, nicht wenige „Wunder", denn bei Markus heißt es:[5])

„Gott bezeugte das Wort seiner Gnade und ließ Zeichen und Wunder geschehen durch ihre Hände."

In der Apostelgeschichte wird berichtet:[6])

„Zu dem Vater Publii auf Malta, der am Fieber und der Ruhr lag, ging Paulus hinein und betete und legte die Hand auf ihn und machte ihn gesund." — Und Ananias ging hin und kam in das Haus, wo der blinde Saulus war, und legte die Hände auf ihn und sprach: Lieber Bruder Saul, der Herr hat mich gesandt, daß du wieder so sehend und mit dem heiligen Geist erfüllet würdest. Und alsbald fiel es von seinen Augen wie Schuppen, und er ward weiter sehend."[7])

Die Erfahrung, daß das heilmagnetische Massieren, Kneten und Spargieren, Schmerz und Ermüdung, ja manches organische Leiden aufhebt, hatten die Griechen und Römer von den altorientalischen Völkern überkommen, bei denen diese Heilmethode schon vor Jahrtausenden wie heute üblich

---

1) Luc. 7, 11—15.
2) Luc. 8, 41—56.
3) Joh. 11, 5—35.
4) 1. Thim. 4—14.
5) Marc. 16,18.
6) Apost. 28,8.
7) Apost. 9, 17=18.

war. — Bei den Griechen wie bei den Römern finden sich
Andeutungen auf die magische Heilkraft der Hand. Bei den
Griechen heißt Herakles als die Quellen beschützender Heil-
gott Daktylos, der Finger, und die Römer nannten den
Zeigefinger Medicus, Arzt.[1]) — In den von Stobäus ge-
sammelten Sentenzen des Solon heißt es:[2])

„Großes Leiden ist oft von geringem Schmerze gekommen,
Und es wurden umsonst lindernde Mittel gereicht.
Doch, wer bitter gequält von böser beschwerlicher Krankheit,
Mit den Händen berührt wird, steht plötzlich gesund.“

Ähnlich heißt es bei Martial:

„Die Berührerin durchläuft mit geschickter Kunst den Körper
Und besprenget mit fertiger Hand ihre Glieder.“

und bei Plautus:

„Wie wenn ich ihn mit gezogener Hand (tractim) berührte,
Daß er schlafe.“[3])

Auch sei noch erwähnt, daß — worauf wir später zurückkommen werden — Apulejus und Aurelius Prudentius die Erzeugung des künstlichen Somnambulismus kannten
und schilderten. — Über dieses und Weiteres über Somnambulismus im Altertum ist das folgende Kapitel zu vergleichen.

König Pyrrhus von Epirus besänftigte nach Plutarch
die Schmerzen der Kolik und heilte Milzkrankheiten, indem
er die Kranken auf den Rücken legte und ihnen mit der
großen Zehe über den Leib strich. Von dieser großen Zehe
berichtet Plutarch das an die Heiligenlegenden erinnernde
Wunder, daß dieselbe nämlich bei Pyrrhus Leichenbegängnis
nicht verbrannt werden konnte.[4])

---

[1]) Vgl. Pierius Valerius: Hieroglyphica Basil. 1556. Lib. 36.
[2]) Eclogac physicae et cthicae. Oxon. 1850. 2. Band.
[3]) Ennemoser: Der Magnetismus im Verhältniß zu Natur und
Religion. S. 90.
[4]) Plutarch: Vita Pyrrhi. Vgl. auch Plin. Hist. nat. Lib. VII.
cap. 2.

Auch die Kaiser Vespasian und Hadrian gehören in die Reiche der antiken Heilmesmeristen. Von ersterem erzählt Sueton:[1)

„Ein blinder und ein lahmer Mann aus dem Volk kamen vor den zu Gericht sitzenden Vespasian und sagten demselben, daß ihnen Serapis im Schlaf die Art ihrer Heilung offenbart habe: das Augenlicht würde wieder hergestellt werden, wenn der Kaiser sie (die Augen) mit Speichel benetzen, und der Schenkel, wenn er ihn der Berührung mit der Ferse würdigen würde. Der Kaiser wollte kaum glauben, daß diese Sache auf irgend eine Weise Erfolg haben werde, und weigerte sich, den Versuch zu unternehmen. Endlich aber gab er dem Drängen seiner Freunde nach und stellte den Versuch öffentlich an, dem auch der Erfolg nicht fehlte."

Über eine ähnliche von Hadrian ausgeführte Heilung berichtet Aelius Spartianus:[2)

„Zu jener Zeit kam eine gewisse Frau, welche sagte, sie sei durch einen Traum aufgefordert worden, Hadrian zu ermahnen, sich nicht zu tödten, weil er mächtig sein werde. Da sie dies jedoch (bisher) nicht gethan habe, sei sie erblindet. Es sei ihr nun befohlen worden, abermals zu Hadrian zu gehen, ihm dies zu sagen und seine Kniee zu küssen. Sie werde ihr Gesicht wieder erhalten, wenn sie dies gethan haben würde. Damit sich nun ihr Traum erfülle, erhielt sie ihr Gesicht wieder, als sie sich mit Wasser aus dem Tempel, aus welchem Hadrian gekommen war, die Augen gewaschen hatte. Es kam auch ein Blindgeborener aus Pannonien zu dem am Fieber krank darnieder liegenden Hadrian und berührte denselben, worauf er sofort das Augenlicht wieder erhielt, und Hadrian das Fieber verließ." —

Nach demselben Autor trieb Hadrian Wassersüchtigen das Wasser durch Berührung mit dem Finger aus.

Durch das Auflegen der Hände und Sprechen magischer Worte (also durch Heilmesmerismus und suggestive, auf Glauben und Imagination gegründete Anregung der Seelenthätigkeit) heilte auch der aus Bordeaux gebürtige Leibarzt Theodosius des Großen, der Empiriker Marcellus.[3) Über-

---

[1) Vita Vespasiani.
[2) Vita Hadriani, cap. 14.
[3) Sprengel: Geschichte der Medicin, Bd. 2, S. 179.

haupt war durch die Überflutung des römischen Reiches mit
ägyptischen Priestern, jüdischen Ärzten und Angehörigen aller
möglichen christlichen — namentlich gnostischen — Ketzer=
sekten die magische Heilkunde in den ersten Jahrhunderten
der christlichen Zeitrechnung die herrschende geworden und
hatte, namentlich als die Kirche das Heilen als göttliches
Vorrecht für sich in Anspruch genommen hatte, jede andere
Medizin fast ein Jahrtausend in den Hintergrund geschoben.
Namentlich war der Gebrauch der Amulette und Abraxas=
ringe in jener Zeit gebräuchlich, und manche noch heute
übliche Zauberformel — wie das von Serenus Sommo=
nicus herrührende, zur Heilung des Fiebers benutzte Abra=
cadabra — entstammt derselben.

Hierher gehört auch der so vielfach gebrauchte heilende
Hauch und das stärkende Zusammenleben mit jugendkräftigen
Personen. Namentlich waren es reine Jungfrauen, Knaben
und Kinder, deren Hauch oder animalische Wärme zur Hebung
der gesunkenen Körperkräfte oder zur Erhaltung von Kraft
und Schönheit gebraucht wurde. Die Konsequenzen dieses
Glaubens führten zu den scheußlichen Blutbädern, zu denen
eine im 17. Jahrhundert lebende Gräfin Nadasdy über
sechshundert junge Mädchen opferte, um durch das Baden
in deren Blut ihre Schönheit zu konservieren. Sie wurde
zur lebenslänglichen Einschließung auf der Csejether Burg,
wo sie ihre Unthaten begangen hatte, verurteilt. — Auch
Ludwig XI. gebrauchte Bäder von Kinderblut, und im Mai
1750 entstand in Paris ein Aufstand, weil der Graf von
Charolais, Chef des Hauses Bourbon Condé, sechs oder
sieben Kinder hatte schlachten lassen, um sich in ihrem ver=
jüngenden Blute zu baden.

Das erste Beispiel des Gebrauches, durch die animalische
Wärme jugendkräftiger Personen die gesunkenen Körperkräfte
zu heben, bietet die Geschichte des Königs David und der

Abisag dar,[1]) zu welcher Francis Baco von Verulam
bemerkt,[2]) daß das Mädchen den König nach Gewohnheit
der persischen Jungfrauen mit Myrrhen und andern balsa=
mischen Stoffen hätte reiben müssen, in welchem Fall wir
also noch einer heilmagnetischen Manipulation begegnen.

Auch Plinius empfiehlt das Anhauchen der Stirn als
wichtiges Heilmittel,[3]) und Galen kennt das Zusammenleben
mit jungen Mädchen in der Weise des Königs David als
eines der besten Stärkungsmittel,[4]) womit Hyginus, gleich
Galen einer der berühmtesten Ärzte des Altertums, überein=
stimmt.[5])

Reinhart, ein medizinischer Schriftsteller des vorigen
Jahrhunderts, nennt das Zusammenleben.mit jungen Mädchen
„ein Labsal der Greise",[6]) und der im 17. Jahrhundert
lebende berühmte Arzt Thomas Bartholinus sagt, daß
dieses Zusammenleben durch Wiederanfachen der erloschenen
Körperkräfte von großem Nutzen und ein treffliches Mittel
gegen das beständige Fröstein des Alters sei.[7]) — Reinhart
erzählt auch, daß Kaiser Rudolph von Habsburg

„als ein schon vor Alter schwacher und unpäßlicher Herr, im Ge=
brauch gehabt habe, die Töchter und Gemahlinnen fürstlicher, gräflicher
und adeliger Personen in Gegenwart ihrer Männer und Väter des
öfteren zu küssen, und seinen Worten nach aus ihrem Athem die an=
genehmsten Lebensgeister zu schöpfen und eine recht herzstärkende Erquickung
zu genießen."[8])

Da aber Rudolph von Habsburg noch in seinem Alter
ein fröhlicher Herr war und es, als er dereinst ein kleines

---

[1]) 1. Könige 1, 1—5.
[2]) De vitae et mortis historia.
[3]) Hist. nat. I. 28. cap. 6.
[4]) Meth. med. Lib. VII.
[5]) De sanit. tuenda.
[6]) „Bibelkrankheiten des alten Testaments." Leipzig, 1767. S. 167.
[7]) De morbis bibliis, cap. 9.
[8]) Reinhart a. a. O. S. 171.

Räuschlein hatte, z. B. nicht unter seiner kaiserlichen Würde hielt, auf dem Anger in seiner guten Stadt Erfurt frisch aufgethanes Bier auszurufen, so möchte ich obige Scherze eher zu den „berechtigten Eigentümlichkeiten" des jovialen alten Herrn und weniger unter die magischen Heilmittel rechnen. Doch sei hier noch konstatiert, daß der allgemeine Glaube herrschte, die Grafen von Habsburg könnten durch ihren Kuß Kröpfe heilen.[1]

Auch von Friedrich Barbarossa erzählt Reinhart, daß demselben in seinen letzten Lebensjahren von einem jüdischen Arzte der Rat gegeben worden sei, daß er sich anstatt Kataplasmen junge, starke und gesunde Knaben auf die Magengegend legen solle, und Johannes Damascenus wie Moses Maimonides empfehlen die Körperwärme junger Mädchen als das beste Mittel gegen Lähmungen und Gichtschmerzen.[2]

Der berühmte Philosoph und Arzt Pietro Pomponazzi sagt:[3] „Die Nähe und der Athem gesunder junger Leute ist eine treffliche Arznei", und Boërhave, der größte Arzt der ersten Hälfte des vorigen Jahrhunderts, ließ einen altersschwachen Bürgermeister von Amsterdam zwischen zwei Knaben schlafen und versichert, der Kranke habe sichtbar an Munterkeit und Kräften zugenommen.[4]

Das berühmteste hierhergehörige Beispiel aber ist das des Römers Clodius Hermippus, welcher durch beständiges Zusammenleben mit jungen Mädchen ein Alter von 115 Jahren erreichte und dem Äskulap letztwillig folgende Denkschrift widmete:[5]

---

[1] Ennemoser: Geschichte der Magie. S. 207.
[2] Maimonides: Aphorism. 30.
[3] De Incantationibus, Basil. 1551. 8⁰. S. 41.
[4] Ennemoser: Geschichte der Magie, S. 215.
[5] Ennemoser: a. a. O.

„Dem Aeskulap und der Gesundheit
setzt dieses zu Ehren
L. Clodius Hermippus,
welcher
durch das Anhauchen junger Mädchen
115 Jahre und 5 Tage gelebt hat,
worüber sich nach seinem Tode die Naturkundigen nicht wenig wunderten.
Wohlan, Nachkömmlinge, führet auch ein solches Leben!"

Über Hermippus erschien 1742 zu Frankfurt folgende
Abhandlung: „In Hermippo redivivo, sive Exercit. phys.
med. curiosa de methodo rara ad CXV annos prorogan-
dae senectutis: per anhelitum puellarum", auf welche ich
Interessenten an dieser Stelle aufmerksam machen will. Es
sei auch noch erwähnt, daß der Volksglaube die Ursache des
hohen Alters, welches die Schullehrer gewöhnlich erreichen,
in dem beständigen Zusammensein mit gesunden jungen
Leuten sucht.

Im Orient und im klassischen Altertum mochte nun
wohl diese naiv° medizinische Verwertung junger Mädchen
und Knaben angehen, im christlichen Abendland jedoch legten
Sitte und Gebrauch dieser Heilmethode Schranken auf. Da
man aber an dem durch den Erfolg sanktionierten Glauben
festhielt, daß die Lebenswärme jugendkräftiger Organismen
Heilwirkung ausübe, so schritt man mit glücklichem Erfolg
zur diesbezüglichen Benutzung junger Tiere. So ist es
z. B. eines der bekanntesten sympathetischen Mittel geworden,
bei Zahnschmerzen, Kopfweh, Rheumatismen usw. junge
Hunde, Meerschweinchen oder Tauben mit gerupftem Hinter-
leib auf die leidenden Stellen zu legen und so die Schmerzen
sympathetisch hinwegzunehmen; auch gehört der Gebrauch
hierher, gelähmte Glieder in dem noch warmen Leib frisch
getöteter Tiere zu bähen. Selbst Hufeland spricht sich in
seiner bekannten Makrobiotik für diesen Gebrauch aus mit
den Worten:

„Und gewiß, wenn man bedenkt, was der Lebensdunst frisch auf=

geschnittener Thiere auf schmerzhafte Uebel vermag, so scheint diese Methode nicht verwerflich zu sein."

Wenn wir nach dieser notwendigen Abschweifung wieder den Faden der Geschichte heilmagnetischer Kuren durch Handauflegung wieder aufnehmen, so sehen wir, daß in der Geschichte der Heiligen die Ausübung der „apostolischen Gabe" unzählige Mal vorkommt. So heilte der heilige Patrik, der Nationalheilige Irlands, die Blinden durch Auflegung der Hände. Der heilige Bernhard soll allein zu Konstanz an einem Tage durch Handauflegung elf Blinde sehen und achtzehn Lahme gehen gemacht haben. Zu Köln heilte er abermals zwölf Lahme, machte drei Stumme reden, zehn Taube hören, und als er selbst krank war, erschienen ihm der heilige Lorenz und Benedict und machten ihn dadurch gesund, daß sie ihre Hände auf den schadhaften Ort legten. Hierher gehören auch die Wunder der heiligen Margaretha, Katharina, Elisabeth, Hildegard und des heiligen Cosmas und Damianus, welche den Kaiser Justinian von einer gefährlichen Krankheit heilten; das Wunder der heiligen Odilia, welche einen Aussätzigen von seinen Leiden befreite, indem sie ihn in ihren Armen er= wärmte.[1] — Auch der Kreuzzugsprediger Fulco soll wie Peter von Amiens und der erwähnte Bernhard von Clairveaux die Gabe der Wunderheilung besessen haben; er heilte durch Auflegen der Hände und gesegnetes Quell= wasser, und gab so einem Stummen die Sprache wieder und machte einen lahmen Edelmann in Gegenwart des ganzen französischen Hofes gehen.[2] — Die katholische Kirche nannte das Heilen durch die Auflegung der Hände Chiro= thesie und nach Lampe sind vierunddreißig Chirotetheten heilig gesprochen worden.[3]

---

[1] Ennemoser: Geschichte der Magie, S. 206.

[2] Perty: Mystische Erscheinungen, Bd. 2, S. 229.

[3] Vergl. Lampe: De honoribus et privilegiis medicorum disser-tatio und Diepenbrook: Dissert. binae de χειροθεσία χειροτονία

König Olaf der Heilige von Norwegen heilte nach
der jüngeren Edda des Snorro Sturleson den kranken Egill
dadurch, daß er zu ihm ging, seine Hände auf dessen kranke
Seite legte und Sprüche sang, bis der Schmerz vorüber
war. Der Sage nach heilte auch Olafs Blut und Leichnam;
man fand denselben nach Snorro ein Jahr nach der feier=
lichen Beisetzung ganz frisch, wie lebend, und angenehm
duftend, Haare und Nägel waren gewachsen.[1] — Einem
Lahmen erschien im Traume ein vornehmer Mann (also der
bekannte Führer der Somnambulen) und riet ihm, in Olafs
Kirche zu Lund zu beten, was er auch that; und er wurde
geheilt. — Wie Sturleson berichtet, heilte Olaf durch Be=
rührung auch Kröpfe.

Die Wundergabe der Kropfheilung ging später auf die
englischen und französischen Könige über und gehörte
Jahrhunderte lang zu deren unbezweifelten Vorrechten. In
England soll sie Eduard der Bekenner (1002—1066)
und in Frankreich Philipp I. (1052—1108) zuerst ausge=
übt haben. Die Gabe sollte an die königliche Würde und
nicht an die dieselbe begleitende Familie geknüpft sein. Um
die Wende des 16. Jahrhunderts brach sogar eine heftige
litterarische Fehde über die Wundergabe der englischen und
französischen Könige aus, insofern ein englischer Arzt, Wil=
liam Tooker, dieses Vorrecht in einer besondern Schrift
für die englischen Könige in Anspruch nahm.[2] Gegen den=
selben wandte sich später Andreas Laurent, Kanzler der

---

[1] Dieser Zug geht durch die ganze Heiligengeschichte; seiner Kehr=
seite begegnen wir im Vampyrismus, wo zwar die vegetative Lebens=
thätigkeit im begrabenen Leib noch fortdauert, wo aber anstatt Wohl=
geruch furchtbarer Gestank auftritt.

[2] Guilh. Tooker: Charisma, seu donum sanitatis, sive explica-
tios quaestionis in dono sanandi strumas concesso regibus Angliae.
Londin. 1597. 4⁰.

Universität Montpellier, mit einem Buch,[1]) worin er die
französischen Könige als von Gott mit dieser Heilkraft begabt,
hinstellt und als Augenzeuge die von Heinrich IV. vollbrachten
Kuren schildert. Die feierliche Handlung der Heilung stellt
Laurent folgendermaßen dar:[2])

„Voraus schreitet die Schweizergarde und der Hof, worauf das
königliche Scepter mit den Lilien und das mit der Hand der Gerechtig=
keit geschmückte Zeichen dem König vorgetragen werden. Hierauf folgt
der König selbst mit entblößtem Haupt, am Halse den Orden des heiligen
Geistes tragend. Bevor der König die heilige Hand ausstreckt, (also
wurde die Cur durch Berührung mit der Hand der „Gerechtigkeit" vor=
genommen, denn „heilige Hand" ist synonym „mit königlicher Hand,"
„Hand der Gerechtigkeit,") ist Jemand da, der den zu Berührenden bei
der Hand nimmt und vorführt. Der König berührt mit den zwei
Fingern Stirn und Schläfe des zu Heilenden leicht, doch wirksam, und
spricht, nachdem er über dessen Haupt ein Kreuz geschlagen hat: „Dieu
te guérisse, le Roy te touche, au nom du Pére, du Fils et du Sainct
Esprit!"

Nach Carl X. verrichtete bei seiner Krönung zu Rheims
die uralte Ceremonie der Kropfheilung, und unter Carl II.
von England soll der Zulauf der Heilsbedürftigen jährlich
über dreißigtausend Köpfe stark gewesen sein. — Über diese
Kropfheilung existiert eine ganze Litteratur.[3])

Eine in Spanien sehr populäre Klasse von Heilmagne=
tiseuren, bei denen wir verschiedenen mediumistischen Eigen=
schaften begegnen, waren die Saludadores (Heilkräftige)
und Ensalmadores (Besprecher), von denen Torquemada
und Delrio erzählen.[4]) Sie bildeten eine Art von Genossen-

[1]) A. Laurentius: De mirabili strumas sanandi vi solis Galliae
regibus concessa. Paris, 1609. 4⁰.

[2]) A. a. O. S. 143.

[3]) Vgl. William Clowes: Right fruitful and approved Treatise
of the struma. London, 1602, 4⁰. Dan. G. Morhof: Princeps medicus. Rostock, 1665, 4⁰. Metz: De Tactu regis etc. Viteb. 1675. 4⁰.
Hilscher: De cura strumarum contactu regio facta. Jenae 1730. 4⁰.

[4]) Nach dem „Kleinen Journal" Nr. 8 vom 8. Januar 1891
üben die „Saludados" in Südfrankreich noch immer ihre Kunst in der
alten Weise aus.

schaft, von welcher der grundbesitzende Teil seinen Geschäften oblag, während der andere Teil Städte und Dörfer durch= zog. Sie trugen auf der Brust ein Kreuz, welches sie den Heilung Suchenden zum Kuß darboten, indem sie einige Sprüche murmelten, den Kranken anhauchten, küßten, oder mit Speichel bestrichen, oder aber ihm bei Vergiftung oder Hundswut, gegen welche sich namentlich ihre Gabe bewährte, ein von ihnen angebissenes Stück Brod darboten. Die leidenden Stellen berührten sie mit nach Zahl und Weise bestimmten Griffen, und es soll ihnen sehr oft gelungen sein, veraltete Übel auf diese Weise zu heilen, Eisen aus Wunden zu ziehen usw.

Andererseits standen die Saludadoren, wohl mit den Geißelbrüdern und andern umherziehenden Schwärmersekten annäherungsweise zu vergleichen, in einem ziemlich zwei= deutigen Rufe. Sie behaupteten, zur helfenden Ausübung ihrer Kunst den reichlichen Genuß von Wein nötig zu haben, welchem Verlangen infolge der anregenden Wirkung des Weins wohl etwas Berechtigtes zu Grund gelegen haben mag. Aber natürlich mußte der überreichliche Weingenuß in Verbindung mit dem umherschweifenden Lebenswandel zu mancherlei Ungebühr führen und die Saludadoren — wie die alten Gallen und Korybanten — in Verruf bringen.

Viele Saludadoren trugen das Bild eines Rades an sich als Zeichen des Martyrium der heiligen Katharina; auch sagten sie von sich aus, daß ein Saludador, welcher einem andern begegne, denselben sofort an natürlichen Zeichen erkenne, auch wenn er ihn zuvor nicht gesehen habe. Sie rühmten sich wohl auch, glühende Kohlen ohne Verletzung angreifen und im Feuer, ohne zu verbrennen, ausdauern zu können. Allein mit der letzteren sehr seltenen mediumistischen Gabe muß es schlecht bestellt gewesen sein, wenigstens be= richtet Delrio,[1] ein gewisser Vair habe einen Saludador

---

[1] Disquisitionum magicorum Libri sex, Lib. I cap. 3. Quaest. IV.

verbrennen sehen, dessen Gefährte ohne Wissen, daß derselbe
sich im Ofen befinde, die Ofenthüre hinter ihm geschlossen
habe. — Leider ist dieser Fall, gleich so vielen anderen in
der ältern Litteratur, nur ganz beiläufig erzählt, so daß man
nicht viel daraus machen, sondern ihn nur in Bezug auf
analoge Fälle anführen kann.

Die Saludadoren rühmten sich des Vermögens des
Fernsehens, wovon der berühmte und berüchtigte Großinqui=
sitor Torquemada einen anscheinend gut beglaubigten Fall
— Torquemadas eigener Vater hatte ihn erlebt — berichtet.
Nachdem unser Gewährsmann das bisher Angeführte von
den Saludadoren berichtet,[1]) wobei er noch bemerkt, daß
sich viele Schwindler für Saludadoren ausgäben, erzählt er
die von einem Saludador an seinem Vater vollbrachte
Heilung:

„Als dieser in seiner Jugend eine weite Reise angetreten hatte
wurde er von einem Hund angefallen und, ehe er ausweichen konnte,
durch den Stiefel in's Bein gebissen, so daß einige Tropfen Blut aus
der Wunde drangen. Er legte jedoch keinen Wert auf die Sache und
setzte seine Reise drei bis vier Tage fort, bis er eines Morgens in einem
Dorfe die Messe hörte. Als er aus der Kirche trat, kam ein Bauer auf
ihn zu und redete ihn mit den Worten an; „Sagt mir, Herr, hat Euch
nicht ein Hund gebissen?" Der Gefragte, welcher diesen Vorfall schon
beinahe vergessen hatte, entgegnete: „Allerdings hat mich vor einigen
Tagen ein Hund angefallen. Warum fragst Du?" Der Bauer lächelte
und antwortete: „Dankt Gott, daß er Euch hierhergeführt, damit ich
Euer Leben retten kann, denn ich bin ein Saludador. Der Hund,
welcher Euch in's Bein biß, war toll, und wenn Euch bis zum neunten
Tag keine Hülfe kam, war't Ihr verloren. Und damit Ihr Euch über=
zeugt, daß ich die Wahrheit rede, will ich Euch die Zeichen des Hundes
sagen." Und nun beschrieb der Bauer den Hund, wie Torquemada ihn
gesehen. — „Um Euch zu heilen" — fuhr der Bauer fort — „muß ich
Euch eine Zeit lang hier behalten." Er ging nun mit ihm in sein
Haus und besprach ihn dort und Alles, was sie aßen. Diese Besprechung
wiederholte er nach dem Essen noch einmal mit dem Bemerken: „Ihr

---

[1]) Jardin de Flores. Salamanca, 1577. 4⁰ S. 159.

müßt schon einige Geduld haben mit dem, was ich mit Euch vornehme." Da sich Torquemada nun willig zeigte, stach er ihn mit der feinen Spitze eines Messers an drei Orten in die Nase, daß einige Blutstropfen hervordrangen, die er abgesondert auf einen Teller fallen ließ; dann hieß er ihn die Wunde mit besprochenem Wein waschen. Er ließ nun das Blut nicht aus den Augen, bis in jedem Tropfen ein kleiner Wurm sich zu bewegen anfing; dann sagte er: „Herr! durch die Gnade Gottes seid Ihr geheilt; dankt ihm, daß er Euch hierher geführt!"

Wir müssen uns die Saludadoren als eben so unwissende wie fanatische spanische Bauern denken, deren ganzes Dichten und Trachten in dem auf altherkömmliche Weise bewerkstelligten Heilen der von tollen Hunden Gebissenen aufging. Ihr magisches Seelenleben war — auf einen speciellen Punkt gerichtet — einseitig entwickelt; wie bei den Lykanthropen das Bild des Wolfes, erfüllte bei den Saludadoren das Bild des Hundes den ganzen Ideenkreis. In niederer Ekstase, die durch Narkotika gereizt und unterhalten wurde, kamen sie wie die Hexen in Seelengemeinschaft und erkannten sich, ohne einander vorher gesehen zu haben. Hellsehend nahmen sie örtlich entfernte, in ihren magischen Ideenkreis gehörende Vorgänge wahr und begannen dann ihre halb suggestive, halb heilmagnetische Kur durch Besprechen, Berühren und — was in andern Berichten häufig vorkommt — durch Benetzen mit Speichel. Das Erscheinen der Würmer in den Blutstropfen ist kein objektives, sondern ein visionäres, bei welchem sich das Bild der Krankheit dann zeitlich im Seher objektiviert, wenn durch seine geistige Einwirkung ihre Macht gebrochen ist.

Echte, auf hoher mystischer Entwickelung beruhende magische Heilungen sind die der ersten Jesuiten in den Jahren von 1540—1556, so lange sie noch eine mystische Asketensekte und nicht die schwarze Garde der streitbaren Kirche waren. Mit Recht legt Kieser einen hohen Wert auf die Wunderheilungen der ersten Jünger Loyolas[1] und

---

[1] Neues Archiv für tierischen Magnetismus I. Band 1 Heft, Seite 77 ff.

meint, die die spätern Jesuiten treffenden Vorwürfe seien
mit Unrecht bezüglich der früheren geltend gemacht worden,
in welchen sich eine so große Kraft des Glaubens und der
Liebe kund that.

Einen parallelen Fall — sagt Kiefer — zeigt die Weltgeschichte
in der Erscheinung Christi und der ersten Apostel. Wer an dem gott=
seligen, reingläubigen, alles Irdische verachtenden und nur dem Gött=
lichen nachstrebenden Leben der ersten Jesuiten zweifeln und noch immer,
wie gewöhnlich geschieht, die spätere Zeit der Jesuiten mit ihrer ersten
verwechseln wollte, den können wir auf deren älteste Geschichte und die
Originalgeschichtsschreiber hinweisen."

Der wichtigste dieser Geschichtsschreiber ist Orlandini,[1]
welcher u. a. vom heiligen Xaverius einige in Indien und
Japan vollbrachte Erweckungen vom Scheintod berichtet, die
ganz den diesbezüglichen Wundern Christi gleichen. Von
dem aus Navarra stammenden Jesuiten Ochioa erzählt
Orlandini, daß er eine große Anzahl Kranker, unter diesen
den Arzt und Sekretair Loyolas, Johann Polancus, nur
durch Auflegung der Hände geheilt habe, und so würden
sich noch eine ganze Reihe von Beispielen beibringen lassen.

Den ersten im modernen Sinn exakt beglaubigten mes=
merischen Heilungen begegnen wir bei dem 1628 in der
Grafschaft Waterford geborenen irischen Edelmann Valentin
Greaterakes. Dieser träumte im Jahre 1662, daß er die
Gabe besitze, mit seiner Hand Kröpfe zu heilen. Er achtete
anfänglich nicht auf diesen Traum, aber als er sich wieder=
holte, machte er einen von völligem Erfolg begleiteten Ver=
such bei seiner Frau. Er versuchte nun seine Kur bei
Andern und hatte den gleichen Erfolg. Im Jahre 1665
fing er an, alle möglichen Krankheiten durch Berührung mit
seiner Hand zu heilen, und wurde ein Jahr später vom
König nach London berufen. Allein bei Hofe war seines
Bleibens nicht lange, weil die liederlichen Hofleute des lustigen

---

[1] Orlandini: Historia Societatis Jesu. Colon. Agr. 1685. 4⁰.

Königs Carl den närrischen Kauz, welcher durch das Be=
streichen mit seiner Hand sogar kranke Tiere heilen wollte,
in jeder Weise neckten. Infolgedessen bezog Greaterakes
ein nahe bei einem Spital gelegenes Wohnhaus, welches er
zu einer magnetischen Klinik einrichtete. Hier beobachtete
der Arzt J. N. Pechlin seine Kuren und beschrieb sie in
einem besondern Werk.[1] — Auch Greaterakes selbst ließ
1666 eine Schilderung seiner Kuren drucken,[2] über welche
im gleichen Jahr noch eine Schrift erschien;[3] außerdem
sind die Kuren Greaterakes noch rühmlichst in den Schriften
der gleichzeitig lebenden berühmten Theologen Joseph
Glanvil und Richard Baxter erwähnt.[4]

Pechlin hatte nicht den mindesten Zweifel an den
Heilungen Greaterakes und wünscht dessen Werk in alle
Sprachen übersetzt zu sehen; auch ließ er eine große Anzahl
Briefe und Zeugnisse abdrucken, welche die Wahrheit der
Kuren und den ehrenwerten Charakter von Greaterakes
hervorheben. Das erste dieser Zeugnisse legt der Hof=
prediger Carls II., Joseph Glanvil, in einem Briefe ab,
worin er sagt, Greaterakes sei ein einfacher, liebenswürdiger,
frommer und jedem Betruge abholder Mann. Ein ganz
ähnliches Zeugnis stellt dem Greaterakes der Bischof George
Rust von Dranmore in Irland aus, indem er sagt,[5] er
sei drei Wochen bei ihm gewesen, wobei er Gelegenheit ge=

---

[1] J. N. Pechlin: Observat. phys. et med. Lib. III. cap. 2
Hamb. 1691. 8°.

[2] Val. Greaterakes, Esquire of Waterford in the Kingdom of
Irland — famous for curing several diseases and distempers by the
stroak of his hand only. London. 1666, 8°.

[3] A brief account of M. Val. Greatcrakes and diverse of the
strange cures by him performed. Lond. 1666. 8°

[4] Vgl. Glanvil's: Sadduccismus Triumphatus und Baxters: The
certainty of the world of spirits.

[5] Pechlin. a. a. O.

habt habe, seine guten Sitten und eine große Anzahl von Krankenheilungen zu beobachten. Er vertreibe durch das Auflegen seiner Hände die Schmerzen und leite sie nach den äußeren Gliedmaßen hin. Manchmal geschehe die Wirkung sehr schnell und wie durch Zauberei. Wenn die Schmerzen nicht weichen wollten, so wiederhole Greaterakes seine Reibungen und treibe so die Schmerzen von den edleren Teilen in die unedleren und endlich in die Extremitäten, von wo sie verschwänden. — Weiterhin sagt Rust, er könne als Augenzeuge versichern, daß Greaterakes Schwindel, sehr schwere Augen- und Ohrenkrankheiten, Fallsucht, veraltete Geschwüre, Kröpfe, Drüsen, Verhärtungen und Krebsgeschwülste geheilt habe. Er selbst habe Geschwüre in fünf Tagen reifen sehen, welche mehrere Jahre alt waren, und er glaube in der Art der Behandlung weder etwas Übernatürliches, noch etwas Göttliches sehen zu müssen. — Die Kur sei oft auch sehr langwierig, und manche Krankheiten wären nur nach Wiederholung der Manipulation gewichen; einige hätten sogar aller Mühe widerstanden. — Ihm (Rust) scheine es, als ströme aus dem Körper von Greaterakes etwas Heilsames und Balsamisches aus. Greaterakes selbst sei überzeugt, daß er in seiner Gabe ein besonderes Geschenk Gottes erhalten habe. Selbst epidemische Krankheiten (damals herrschte die große Pest in London, welche von der etwa eine halbe Million betragenden Einwohnerzahl über 68000 Menschen hinwegraffte) heile Greaterakes durch seine Berührung, weshalb er (Rust) glaube, derselbe müsse sich ganz allein der Heilung von Krankheiten widmen.

Pechlin bringt außerdem noch die Zeugnisse der Ärzte Faireklow und Astelius bei, welche die Greaterakes'schen Kuren sehr genau untersucht hatten. Faireklow sagt:

„Ich war betroffen von seiner (Greaterakes) Sanftmut und Güte gegen die Unglücklichen und von der Wirkung, welche er durch seine Hand vollbrachte."

Astelius dagegen äußert sich:

„Ich sah Greaterakes die heftigsten Schmerzen augenblicklich stillen bloß durch seine Hand: ich sah ihn z. B. den Schmerz von der Schulter bis zu den Füßen hinuntertreiben. Wenn die Schmerzen im Kopf oder in den Eingeweiden festsaßen, so erfolgten bei ihrer Vertreibung oft fürchterliche Krisen, welche selbst für das Leben der Kranken bangen ließen; allein nach und nach zogen sie sich in die Extremitäten, um endlich ganz zu verschwinden. Ich sah ein skorphulöses Kind von 12 Jahren mit solchen Geschwülsten, daß es keine Bewegung machen konnte, und er zerteilte bloß mit seiner Hand den größten Teil der Geschwülste; eine sehr große öffnete er jedoch und heilte sie sowie die übrigen durch öftere Benetzung mit seinem Speichel.“

Endlich bezeugt bei Pechlin noch der berühmte Chemiker und Physiker Robert Boyle, Präsident der Königlichen Gesellschaft der Wissenschaften in London, daß Greaterakes bei seinen Kuren die leidenden Stellen berührte und dann abwärts strich, wobei er sagt:

„Viele Aerzte, Edelleute, Geistliche usw. bezeugen die Wahrheit von Greaterakes Heilungen, welche er in London bekannt machte. Die vorzüglichsten Krankheiten, welche er heilte, waren Blindheit, Taubheit, Lähmungen, Geschwüre, Geschwülste und allerlei Fieber.“

Ungefähr zu gleicher Zeit lebte ein Domherr zu Sitten, Matthias Will, welcher wegen seiner Krankenheilungen durch Gebet, Exorcismus und Auflegung der Hände einen großen Ruf in der Schweiz, Deutschland, Savoyen, Italien und Burgund hatte. Man brachte von allen Seiten von den Ärzten aufgegebene Kranke zu ihm, welche er durch seine mesmerisch=suggestive Heilmethode herstellte; auch soll er zahlreiche Besessene befreit haben. Auf seinem Grabstein steht die Inschrift: „Hic jacet exorcista potens mirumque juvamen Aegrorum membris ecclesiaeque decus [1]) — Matthias Will scheint demzufolge als Vorläufer Gaßners betrachtet werden zu müssen.

Im vorigen Jahrhundert lebte auf der schottischen Inseln Icolmkill ein Fischer Jennis, welcher weit und breit hin

---

[1]) Perty: Mystische Erscheinungen. Bd. 2., S. 232 u. 233.

zur Vertreibung der Scropheln geholt wurde, die er mit seinen Händen strich. Ein gleicher Heilmagnetiseur lebte zu der gleichen Zeit in Kiel, wo sich die theologische Fakultät weidlich wegen der Zulässigkeit dieser Heilmethode herumstritt. Endlich ist noch der gleichzeitig lebende Bauer Martin zu Schlierbach in Würtemberg zu erwähnen, welcher die Kranken durch ähnliche Manipulation und sogar dadurch geheilt haben soll, daß er sie in seinen Schatten stellte.

Der nächst Mesmer bedeutendste Heilmagetiseur und zugleich Hypnotiseur des vorigen Jahrhunderts ist Johann Gaßner, dessen so viel geschmähte Kuren im Lichte der neusten psychischen Forschung eine völlig wissenschaftliche Erklärung finden. Gaßner wurde am 20. August 1727 zu Bratz bei Bludenz in Vorarlberg geboren und in einem Priesterseminar erzogen, worauf er bei den Jesuiten in Innsbruck und Prag studierte. Im Jahre 1751 erhielt er das Amt eines Frühmeßners zu Dalgs und wurde 1758 Pfarrer zu Klösterle im Bisthum Chur. Etwa im Jahre 1760 befiel ihn ein heftiges Kopf-, Magen- und Brustleiden, gegen welches die strengste Diät und alle angewandten Mittel wirkungslos waren. Wie er selbst nun mündlich und schriftlich berichtete, „wußte er keinen Rat mehr; er wandte sich eines Tags während des Meßopfers an Gott und bat um Erleuchtung“. Als er so religiös erregt nach Hause gekommen war, fiel ihm ein vom Exorcismus handelndes Buch in die Hand, bei dessen Lektüre ihm der Gedanke kam, „daß bei seinem Übel etwas Übernatürliches sei, und der Satan mit alter böser Tücke seinen Leib angreife“. In diesem Gedanken nahm er seine Zuflucht zum Exorcismus.

Eine Zeit lang wandte er diesen ohne Erfolg an, endlich aber gelang es ihm, sich von seiner Krankheit zu befreien. Um sich nun zu versichern, daß Satan der Urheber seines Leidens sei, befahl er demselben im Namen Jesu, die Zufälle wiederkommen und verschwinden zu lassen, was denn auch geschah. In Wirklichkeit hatte nämlich Gaßner entdeckt, daß man durch Autosuggestion die Krankheiten des eigenen Körpers heilen und beliebig Krisen hervorrufen könne; er hielt aber natürlich als wenig gebildeter, im Wahne seiner Zeit lebender Priester diese so auffallenden Erscheinungen für Werke des Teufels und der durch einen geweihten Priester sich offenbarenden Gnade.

Enthusiasmiert und voll Dank über die himmlische Begnadung versuchte Gaßner dann denselben Exorcismus bei seinen Pfarrkindern, und da er offenbar ein sehr starker Magnetiseur war und das Glück hatte, viele empfängliche Personen zu finden, so verbreitete sich der Ruf des Wundermannes bald über ganz Süddeutschland, die Schweiz, den Elsaß usw. Der seit mehreren Jahren erblindete Propst von Ellwangen ließ Gaßner zu Anfang November des Jahres 1775 zu sich berufen, um sich seiner Kur zu unterwerfen. Trotzdem Gaßner erklärte, daß sein Exorcismus gegen diese, „natürliche" Blindheit machtlos sei, ernannte ihn der Propst zu seinem Kaplan und stellte ihm zwei Zimmer für seine Kuren zur Disposition. Von allen Seiten strömten die Hülfesuchenden hinzu, so daß an manchen Tagen über 1500 anwesend waren, und das sonst so stille Ellwangen glich einem Modebad in der Hochsaison. Alle Kranken wurden nach Maßgabe ihrer Ankunft in eine Kurliste eingetragen und in dieser Reihenfolge vorgelassen. Das erste Zimmer diente als Vorzimmer, während im zweiten Gaßner seine Exorcismen vornahm; die Thüren waren mit Soldaten besetzt, welche die andrängende Menge zurückhielten. Vier bis fünf katholische und protestantische Ärzte überwachten die Exorcismen.

Abbé Bourgeois, Erzieher der jungen Grafen von Donsdorf, schildert als Augenzeuge in einem Briefe an seinen Bruder das Gaßner'sche Verfahren folgendermaßen[1]):

---

[1]) Archiv für thierischen Magnetismus. VIII. 1. Stück, S. 92.

„Wenn die kranke Person in den zweiten Platz, wo sich der Exorcist befindet, eingeführt ist, so sieht man weder täuschende Vorstellung, noch prahlerisches Großthun in seinem Benehmen, alles ist einfach und gleichförmig. Er sitzt auf einem kleinen Schlafsessel mit einer Stola über seine Kleider angethan, an seinem Halse hängt ein Kreuz, an seiner Seite steht ein Tisch, worauf ein Kruzifix sich befindet und um den Tisch herum steht eine Reihe Sessel für die hohen Standespersonen. Ein Aktuarius muß die merkwürdigen Vorfälle protokollieren. Die dem Priester vorgestellte kranke Person knieet nieder, er fragt sie über Gattung und Umstände der Krankheit. Hat er genug über ihren Zustand erkundigt, so spricht er einige Worte zur Erweckung des Vertrauens an sie und ermahnt sie, ihm innerlich beizustimmen, daß alles geschehe, was er befehle. Ist alles so vorbereitet, so spricht er: Wenn in dieser Krankheit etwas Unnatürliches ist, so befehle ich im Namen Jesus, daß es sich sogleich wieder zeigen solle; oder er beschwört den Satan in Kraft des allerheiligsten Namen Jesu, die nämlichen Übel, womit diese Person sonst behaftet ist, auf der Stelle hervorzubringen. Zuweilen erscheint das Übel sogleich nach gegebenen Befehl, und alsdann läßt er alles nacheinander kommen, gleichsam stufenweise und nach Maßgabe der Stärke, in welcher der Patient sein Übel früher hatte. Dieses Verfahren nennt der Priester den Exorcismum probativum, um zu erfahren, ob die Krankheit natürlich oder unnatürlich ist, und zugleich hat er die Absicht, durch diese Übereinstimmungen mit seinen Befehlen das Vertrauen der Kranken zu vermehren und allen Anwesenden die Kraft des heiligen Namens Jesu kund und offenbar zu machen. Wenn sich das Übel auf den ersten gegebenen Befehl nicht zeigt, so wiederholt er denselben immer steigend wohl bis zehnmal. Erfolgt dann keine Wirkung, so verschiebt er diese Person auf den andern Tag oder noch später, oder er schickt sie auch ganz zurück mit der Äußerung, daß ihre Krankheit nicht natürlich sei oder daß sie nicht hinreichend Vertrauen besitze.“

Soweit, möchte man meinen, sei die Heilmethode Gaßners eine „Mind cure“, wie sie jetzt in Amerika an der Tagesordnung ist, und durch welche Luther Melanchthon heilte; allein der Verlauf unserer Darstellung wird zeigen, daß der Exorcismus im verzeihlichen Wahn jener Zeit nur die Empfänglichkeit der Patienten erhöhte, daß der Exorcist aber, ohne es zu wissen, dieselben hypnotisierte. Als besonders für die Realität der Gaßner'schen Kuren beweiskräftig muß hervorgehoben werden, daß Gaßner öffentlich im Beisein von Ärzten beider Konfessionen opereirte; daß öffentlich Protokoll geführt wurde, daß keinerlei andere ärztliche Behandlung stattfand, und Gaßner außer seinem Exorcismus nur Weih=wasser, geweihte Kräuter und Öl zu äußerem Gebrauch und zur Salbung anwandte. Auch ergiebt sich aus der ganzen Streitschriftlitteratur, daß hauptsächlich die dogmatische Seite des Gaßner'schen Verfahrens, nicht die Thatsächlichkeit der Heilungen angefochten wurden[1]). Noch ist zu erwähnen, daß Gaßner nur lateinisch exorcisierte und Befehle an die Kranken erteilte; da aber die meisten der Patienten der lateinischen Sprache nicht mächtig waren, so muß in diesen Fällen unmittelbare Gedankenübertragung stattgefunden haben, wie sie als Suggestion mentale beim Hypnotismus neuer=dings wissenschaftlich anerkannt wurde.

Abbé Bourgeois erzählt folgende interessante Fälle als Augenzeuge[2]):

Ich mache den Anfang mit zwei jungen Mädchen von verschiedenen Orten, welche beide genötigt waren, das Kloster zu verlassen und mit besonderen krampfhaften Zufällen behaftet waren. Beide wurden gleich den anderen Tag nach meiner Ankunft exorcisiert, eine vor=, die andere nachmittags. Die erste lag bei Füßen des Herrn Gaßners, welcher nach den gewöhnlichen Vorfragen mit einer gemäßigten Stimme, wie er gewöhnlich zu thun pflegte, sagte: Agitetur brachium sinistrum! und sogleich war der Schmerz auf dem Gesicht des Mädchens zu lesen, ihr Atem wurde schwer und unterbrochen, der linke Arm und Finger fingen an sich zu verdrehen, steif zu werden, und verblieben auch in diesem Zustand, bis er das Gegenteil befahl. Sobald er gesagt: Cesset ista agitatio! verschwand alle Erschütterung und der Arm kam in seine natür=liche Lage. Nach diesem befahl er, daß die Gichter den rechten Arm, Fuß und die ganze rechte Seite ergreifen und die Kranke bis zur Erde ziehen sollten, was ganz so erfolgte. Alsbald befahl er, daß sie vom kalten Fieber befallen werden sollte. Es geschah; die Hände wurden eiskalt, sie zitterte, die Zähne klapperten. Nun befahl er, das hitzige

---

[1]) Daß z. B. bei schweren Lähmungen, Staar ꝛc. Recidive vor=kamen, ist natürlich.

[2]) A. a. O.

Fieber solle kommen; es kam ebenfalls nach dem Zeugnis dreier Ärzte, welche eben erst angekommen waren und ihre Hände und den Puls in den beiden Zuständen befühlten."

„Nach diesem befahl er, die Patientin solle von den lachenden Gichtern (Lachkrämpfen), dann von den traurigen und melancholischen ferner vom Aberwitz zu singen und zuletzt von Gewissenszweifeln befallen werden. Auf den ersten Befehl erfolgte ein überlautes Lachen, auf den zweiten Seufzen und Weinen, auf den dritten sang sie einige Hymnen und Psalmen, und auf den vierten sagte sie seufzend: sie müsse verdammt werden, sie müsse beichten. Nachdem der Exorcist sie wieder zu sich selbst gebracht hatte, fragte er sie, ob sie noch beichten wolle, worauf sie mit Lachen antwortete, sie hätte keine Lust dazu."

„Nach diesem befahl er, sie solle zornig werden und gegen ihn einen Widerwillen fassen. Alsbald war das Wutfeuer in ihren Augen, sie schnalzte auf ihn zu und knirschte mit den Zähnen, streckte die Arme auseinander, krümmte die Finger, als ob sie ihn zerreißen wollte."

„Weiter befahl er, daß der Puls am rechten Arm schwach und kaum fühlbar, am linken Arme hingegen stark und geschwind gehen solle. Die Leibärzte befühlten rechts und links den Puls und befanden die Sache also. Der Garnisonsarzt von Würzburg bestätigte das Gleiche."

„Zuletzt befahl er, daß sie einer sterbenden Person ähnlich werden solle. Nun fiel sie einigen Personen in die Arme, alle Glieder streckten sich und wurden steif. Da die Augen und der Mund geschlossen waren so befahl Herr Gaßner, um das Bild des Todes vollkommener darzustellen, auf lateinisch, die Augen und der Mund sollten sich öffnen und die Nase lang und spitz werden."

„Auf drei- bis viermalige Wiederholung dieses Befehls fingen Augen und Mund an, sich halb aufzuthun, wurden starr und unbeweglich, die Nase zog sich in die Länge und wurde ganz spitzig; sie blieb einige Zeit in diesem Zustande und kam augenblicklich auf das Wort des Herrn Gaßners zu sich."

Die vollständige Identität dieser und der folgenden Experimente Gaßners mit den heute hypnotisch genannten liegt auf der Hand.

Die oben erwähnte Begleiterin des Mädchens machte Gaßner blind und taub, wobei ein von Bourgeois leider nicht mit Namen genannter Heidelberger Professor, der dieselbe schon lange erfolglos behandelte, das Aufhören der

Funktionen der Seh= und Hörnerven konstatierte. Abbé Bourgeois erzählt weiter:

„Was ich die zwei andern Tage merkwürdiges sah, besonders die erschrecklichen Gichter eines Fräulein von 50 Jahren, welche schon 9 Tage in Erwartung ihrer Gesundheit mit 8 Pferden sich in Ellwangen aufhielt. Nach gegebenen ersten Befehl des Herrn Gaßner wandte sie sich unversehens auf den Knieen gegen die Zuschauer um, murmelte ganz schnell einige Worte durcheinander, steifte die Arme, verdrehte die Augen mit einem so häßlichen grimmigen Gesicht, daß die Frau Gräfin von Rechberg, welcher ich an der Seite saß, das Gesicht abwenden mußte. Noch ärger war es, als er ihr zu schreien befahl; das war ein gräuliches Mordgeschrei; nach diesem fing sie an zu singen und spielte mit den Händen; darauf ließ er sie singend etliche Mal im Saal herumgehen, wobei sie die Füße dermaßen verdrehte, daß die Fersen an Stelle des Vorfußes standen. Was mir am merkwürdigsten schien, war der Befehl, daß die Gichter in die auf den Tisch gelegten Hände fahren sollten, zuerst in die ganze Hand, dann in alle Finger, dann bald in diesen, bald in jenen Finger mit Krümmung und Steifigkeit, welche ich durch Berührung untersuchte."

Gaßner machte also schon vor 120 Jahren die Experimente unserer heutigen Hypnotiseure.

Wir wenden uns nun zu den Protokollen, welche in einer von den nachher zu nennenden Ingolstädter Professoren herausgegebenen Schrift: „Was soll man in den Gaßner'schen Kuren noch untersuchen?" auszugsweise enthalten sind. Das Ellwanger Protokoll ist vom Fürsten von Hohenlohe=Waldenburg, vom Herzog Ludwig Eugen von Würtemberg, dem Bischof Joseph Ludwig von Freisingen, von zweiunddreißig Grafen und Freiherrn und fünfzehn Ärzten unterzeichnet. Die Zahl der gelungenen Heilungen ist leider nicht angegeben.

Als Experimente Gaßners werden besonders oft angeführt, daß er auf seine ausschließlich lateinischen Befehle die einzelnen Glieder der Kranken beliebig sich bewegen ließ, auch ebenso deren Puls willkürlich beeinflußte, deren Glieder in Starrkrampf versetzte, sie eingebildete Schmerzen empfinden

ließ, sie zeitweilig taub und blind machte, sowie auch den=
selben beliebige Hallucinationen einflößte, genau wie dies
heutzutage von den Hypnotiseuren ausgeführt wird. — Be=
sonders hervorzuheben ist jedoch, daß auf Gaßners an eine
Frau gerichteten Befehl, lateinisch zu reden: „Loquatur la-
tine!" von der illitteraten Frau die lateinische Antwort er=
folgte:„ Non possum."

Ferner brachte Gaßner wiederholt bei Kranken alle
Erscheinungen des Todes hervor:

„Signa morientis et mortuae habeat. Zum Erstaunen aller An=
wesenden war sie eine in den letzten Zügen liegende Person, ja es kam
so weit, daß man sie für tot ansah. Auf das Praeceptum: Sterum sit
sana in nomine Jesu, fing alsbald der Puls wieder an, fühlbar zu
werden; der Todesschweiß verschwand, sie kam zu sich, die Gesichtszüge
änderten sich, und zuletzt stand sie frisch und gesund auf, als wenn ihr
niemals etwas gefehlt hätte. Nachdem nun der Priester den Plagegeist
ausgetrieben hatte, war die Patientin voller Freude und Vergnügen.
Sie beteuerte vor allen hohen Zuschauern, daß sie sich nun recht wohl
befinde. Dies geschah am 26. April 1775."

In Regensburg führte Gaßner in demselben Jahr seine
Exorcismen unter der Aufsicht einer bischöflichen Kommission
aus, welche aus dem Konsistorialdirektor Dillner, dem geist=
lichen Rat Brugger und den Doctores medicinae Zollner
und Winkler zusammengesetzt war. Es werden 375 Kuren
angeführt. Wir citieren nur das Protokoll, welches über
die Heilung der 41 Jahre alten Krämerin Anastasia Diverna
aus Dorfen in Oberbayern, welche an Krämpfen litt, ge=
führt wurde und aus dem sich die Gedankenübertragung klar
ergiebt, weil die auf dem Lande lebende Krämersfrau der la=
teinischen Sprache offenbar nicht mächtig war:

„Sie ist in Gegenwart etlicher Hundert Augenzeugen, worunter
sehr viele von Distinktion und zwar drei Herren Komitialgesandte waren,
nämlich der Kurfürstl. Mainzische, der Kurfürstl. Köllnische und Fürstl.
Salzburgische vorgenommen worden.
1. Der Herr Exorcist befahl in lateinischer Sprache: Tantam re-
verentiam S. S. Nomini Jesu exhibeas, sicut te decet. Die auf den

Knieen liegende Person wurde aufgehoben und auf das Angesicht, aber ganz unbeschädigt geworfen.

2. Osculum des S. Cruci. Sie küßte den heiligen Kreuzpartikel des Herrn Exorcisten, den er am Halse zu tragen pflegt.

3. Inclinationem facias S. Cruci. Sie machte eine Verbeugung.

4. Inclinationem facias B. N. Matri Dei. Sie machte verschiedene Ehrenbezeugungen, endlich neigte sie das Haupt bis zur Erde.

5. Nunc fiat pulsus febrilis. Es geschah. Nunc fiat pulsus intermittens. Nach dem vierten Schlag intermittierte der Puls. fiat intermittens post ictum secundum. Auch dies erfolgte. Er war kaum merklich und die Person fiel in Ohnmacht.

Der Herr Dr. Winkler sagte, er könne es eidlich beteuern, daß sich der Puls so befunden habe, wie der Herr Exorcist es befahl.

Endlich nach dem Praeceptum expulsivum beteuert sie, daß ihr nun recht wohl und leicht sei und nichts mehr verspüre.

Dies geschah zu Regensburg am 7. Juli 1775, ist protokolliert sub. Nr. 167 praes entibus Dr. Sebastiano Dillner et Dr. Joanne Jos. Haas tanquam Commissario Episc. Patritio Steindl, Dr. Andreas Winkler.

In Folge des ungeheueren Aufsehens, welches die Gaßner'schen Exorcismen machten, sandte die Universität Ingolstadt eine Kommission nach Regensburg, welche die unglaublichen Dinge untersuchen sollte. Die Kommission bestand aus dem Universitätskanzler und Professor der Theologie Benedict Sattler, dem Professor der Rechte Prugger, dem Professor der Philosophie Gabler und dem Professor der Medizin Levelin. Die Kommission überzeugte sich von der Realität der durch Gaßner hervorgebrachten merkwürdigen Erscheinungen und stellte ihm ein langes ehrenvolles Zeugnis aus, worin gesagt wird, daß die Kommission nach genauester Untersuchung das Wirken Gaßners als ein übersinnliches anerkennen müsse[1]). Diese Kommission gab das schon erwähnte Schriftchen: „Was soll man in den Gaßner'schen Kuren noch untersuchen?" heraus, womit ihre Thätigkeit zu Ende war. Gaßner begab sich von Regensburg nach Sulz=

---

[1]) Das ganze Zeugnis steht nebst einem wichtigen Schreiben des Mediziners Levelin an einem Wiener Arzt, Namens Hambourg im Archiv f. th. Magn. Bd. VIII. S. 119—123 abgedruckt.

bach, wo er binnen vierzehn Tagen in Gegenwart der Pfalz=
gräfin Franziska von Zweibrücken und des sulzbach'schen
Leibarztes Schleiß 205 Kuren verrichtete.

Wie leicht zu begreifen, konnte in der damals beginnenden
Aufklärungsperiode weder der Philosoph, noch der Arzt, noch
der Theologe so viel Wunderbares, Außergewöhnliches und
scheinbar Übernatürliches ertragen. Das „Unbegreifliche“
war damals wie heute den in einseitige Theorien Verrannten
ein Dorn im Auge; man hatte keine Lust die Vorgänge zu
prüfen und stempelte sie folgerichtig mit dem Stempel der
Lächerlichkeit. Gaßner, der ja die Natur seiner Kraftbe=
gabung nicht kennen konnte, schrieb sie der göttlichen Gnade
zu, welche ihm gestattete, Teufel auszutreiben, und verdarb
es so mit beiden Kirchen, in denen die „Aufklärung“ groß
zu werden anfing. Die ganze Sache war so vor das nicht
zuständige theologische Forum gekommen und wurde ein
Spielball des Dogmengezänks. Eine einzige wohlthuende
Ausnahme macht Lavater, welcher in zwei Briefen vom
26. März und vom 19. Mai 1775 an Semler schreibt:

„Was ich mit Gaßner zu thun habe? fragen Sie. Untersuchen
will ich, komme heraus, was da wolle: untersuchenswert ist die Sache,
sie sei wahr oder falsch, Kraft Gottes oder Betrug. Wer sich zu unter=
suchen schämt, was für den Naturforscher, Psychologen und Theologen
wichtig ist, bloß um des Gelächters willen, ist dieser Kind oder Mann?
Was ist Gaßner? Einige sagen, er ist gut, andere, er verführe das
Volk, beide aber behaupten immer, Thatsachen sind da, mehr oder weniger,
aber man hüpft über diese weg; alles räsonniert und erklärt, und wer
ist, der bloß beobachtet.“ — „Ich gestehe aufrichtig, daß ich für meine
Person Gründe genug zu haben glaube, Gaßnern für aufrichtig und
seine Wunderkraft für echt zu halten. Ich habe so viele übereinstimmende
Nachrichten vor mir: es sind mir von so verschiedenen höchst glaubwür=
digen Leuten, von berühmten Ärzten, ja sogar von Kranken, die geheilt
wurden, Zeugnisse und Urkunden vorgelegt worden, die zusamt für er=
dichtet zu halten, in meinem Standpunkt Raserei wäre.“

Lavater forderte nun Semler als notorischen Gegner

alles Dämonenglaubens zur Untersuchung der ganzen An=
gelegenheit auf und sagt weiter:

„Hier ist nicht von dogmatischen Irrtümern und Meynungen die
Rede, welche unsere wohlherrliche Philosophen so viele so gern verwech=
seln werden, um dadurch Halbdenkern Staub in die Augen zu werfen,
sondern die Frage ist von Thatsachen — nicht ob dieser Gaßner ein
Katholik sey), und als Katholik Vorurtheile habe, die uns lächerlich und
abgeschmackt vorkommen. — Nicht ob seine Schriften Dinge enthalten,
die uns unevangelisch, unphilosophisch, unvernünftig erscheinen müssen;
nicht das möchte ich von Ihnen oder durch Sie untersucht wissen; — sondern

Ob Johann Joseph Gaßner unheilbare Krankheiten vollkom=
men heile.

Nicht zur Rechten! Nicht zur Linken! Auf diesem Pfade
geblieben!

Ich möchte dem Untersucher unaufhörlich zurufen: Thatsache!
Thatsache! untersucht! Nicht Meynung! Dogma! nicht Folgen abge=
wogen! Nur untersucht!"[1]

Semler, der unfehlbare Rationalist und unerträgliche
Schwätzer, untersuchte jedoch nicht, sondern gab eine „Sam=
lung von Briefen und Aufsätzen über die Gaßner'schen und
Schröpfer'schen Geisterbeschwörungen" heraus, worin er in
seinem Adeptendünkel, der ihn später so lächerlich machte,
nur über die dogmatische Seite der Berichte und die übrigens
unbedeutenden Schriften Gaßners orakelt. Die Quintessenz
dieser dogmatischen Salbaderei ist die folgende: Gaßner führt
die Einwirkungen des Teufels wieder ein, die aus allen
christlichen Staaten durch die neue Theologie verbannt werden
sollten. Der Exorcismus durch die Kraft des Namens Christi
ist Aberglaube. Die Vertreter der Kirchenlehre vom Teufel
und seiner Macht sind böse Buben und haben am Erlöser
keinen Teil mehr. Darum müssen alle Nachrichten von der
Gaßner'schen Kurart, woher sie auch kommen, gänzlich als
alberne, phantastische Einfälle und Aberglauben verworfen
werden und alle auf sie abzielenden Handlungen dürfen in
einem christlichen Staat nicht geduldet werden. Gaßners

---

[1] Vgl. Semler: „Samlung" 2c. S. 1—7 und 127—139.

Glaube ift kein chriftlicher Glaube, daher kann es keine geift=
liche und noch weniger leibliche Wirkung desfelben geben. Die
Geheilten täufchen fich oder find Betrüger; ebenfo ift Gaßner
entweder Phantaft oder Betrüger. Lavater, welcher nur die
Thatfache, nicht aber Meinung und Dogma unterfucht haben
will, verfällt beinahe in die Strafe der Gottesläfterung. —
Das war das „wiffenfchaftliche“. Urteil des hervorragendften
Vertreters der damaligen proteftantifchen Theologie! Aber
erging es Carl Haufen in den fiebenziger Jahren unferes
Jahrhunderts beffer oder fchlimmer?

Ganz ähnlich verfuhren die bayerifchen „aufgeklärten“
katholifchen Theologen unter der Führung des bekannten
Theatiners und Münchener Akademikers Don Ferdinand
Sterzinger (1721—1787), welche gar nichts unterfuchten,
fondern in einer wahren Hochflut von Brofchüren und Zeitungs=
artikeln über Gaßner herfielen. Da jedoch das Verlangen,
die Gaßner’fchen Exorcismen zu unterfuchen, immer dringen=
der an die Münchener Gelehrten geftellt wurde, fo begab fich
Sterzinger zu Ende des Jahres 1776 nach Ellwangen, um
fich durch perfönliche Anfchauung über die berüchtigten Vor=
fälle zu unterrichten. Das Ellwanger Protokoll berichtet
nun folgenden komifchen Vorfall, welcher fich während der
Anwefenheit Sterzingers zutrug.

Die Frau von dem Freiherrn von Erdt, Kurfürftlich Bairifchen
Hofkammerrath, Tochter des Leib= und Protomedikus von Wolta in
München, welche fünf Jahre von heftigen Nervenzufällen geplagt und
alle erdenklichen Mittel fruchtlos gebraucht hatte, glaubte in vollem Ver=
trauen durch Herrn Gaßner davon befreit zu werden. Sie begab fich
am 22. Dezember 1774 nach Ellwangen, wo fie im Haufe des Herrn
Vicedoms Freiherrn von Exdorfs im Beyfeyn ihres Herrn Vaters, ferner
des Herrn Don Sterzingers, Theatiners, und des Churfürftlichen Herrn
Hofmedikus Leutners von Gaßner zum Vertrauen und Glauben ermahnt
wurde. Auf den Befehl Gaßners kamen alle die konvulfivifchen Zu=
älle zum Vorfchein. Auf den Befehl „daß fie zum Zorn bewegt werden
folle, fiel fie voller Wuth auf den Akademiker Sterzinger ein, ergriff ihn
bei den Kragen, fchüttelte ihn und fagte: „Du Foutu=Pfaff, magft Du

jetzt noch sagen, daß der Teufel keine Gewalt habe, uns zu plagen?"
— Als sie in das Gasthaus zurückgingen, warf Sterzinger dieser Frau
den ihm bewiesenen Schimpf vor, worauf sie ihm tausend Entschuldi=
gungen machte, indem sie sagte, daß sie von allem nichts wisse."

In dem erwähnten Buche Semlers ist neben den
Lavater'schen Briefen auch ein Memorial Sterzingers[1]) ab=
gedruckt, welches gerade dadurch von Wichtigkeit ist, weil
sein Verfasser wohl oder übel zugeben muß, daß die Be=
einflussung der Patienten eine Thatsache sei; seine Schilderung
der Gaßner'schen Manipulation aber zeigt deutlich, daß das
Verfahren ein Hypnotisches war. Zum Beweis dafür führen
wir Sterzingers eigene Erzählung des soeben erwähnen Vor=
falls an:

„Nun will ich die Operation, welche mit der Freifrau von Erdt
in Vizedoms Hause vorging, und dabey ich besonders aufmerksam war,
mit allen Umständen erzählen. Die gnädige Frau mußte sich in einem
Zimmer auf das Kanapee setzen, der Herr Pfarrer vom Klösterle setzte
sich aber auf einen Sessel neben sie. Er hatte keine Stola noch Chorrod
an, es war weder ein Licht noch Kruzifix noch Weihwasser zugegen.
Gleich zu Anfang fragte der Herr Pfarrer den G(eheimen Rath) von
W(olta) was seine Tochter für Krankheiten habe? Er gab zur Antwort:
daß sie an Convulsionen leide; er erklärte ihm ihre Symptomata und
Zustände, die dabei vorzugehen pflegen. Auf dieses machte der Geist=
liche der Patientin einen Mut, daß sie durch den Namen Jesu könne
kuriert werden, weil diese bösartige Krankheit unfehlbar von der Cir=
cumsession oder teuflischen Anfechtungen ihren Ursprung habe. Er er=
zählte etwelche Facta, wie er dergleichen Personen schon unter seinen
Händen gehabt, und glücklich kuriert habe, wenn sie nur den festen Glauben
auf den Namen Jesu hatten. Hierauf predigte er eine gute viertel
Stunde, wie uns der Teufel an Leib und Seele anfechte, was er für
eine erschreckliche Gewalt über uns Menschen habe, und brachte aus der
heiligen Schrift das Beispiel von Hiob herbei. Er sprach sodann von
Sachen, die ihm in seinem Leben begegnet seyen, die aber gar nicht
hierher passeten. Alle horchten ihm in tiefster Stille zu. Unter der
Predigt beobachtete ich ganz wohl, daß er die Augen beständig geschlossen
hielt, mit seinen zween Däumen das Cingulum rieb (daher mehrere
eine magnetische Kraft vermutheten) und zweymal das Schnupftuch,

---

[1]) S. 178—268.

herauszog und sich die Hände damit putzte. Nach diesem stand der
Operateur von seinem Sessel auf, setzte sich zu der Patientin aufs Ka=
napee, und sagte zu ihr: Nun wollen wir im Namen Jesu anfangen,
sind sie nur standhaft und haben ein rechtes Vertrauen auf seinen aller=
heiligsten Namen. Sogleich nahm er die Patientin beim Kopfe,
drückte mit der rechten flachen Hand die Stirne und rieb
selbe, mit der linken Hand berührte er zugleich das Genick,
und mit dem Daumen und Zeigefinger gab er auf diesen
nervösen Teil einen festen Druck. Gleich hernach befahl er im
Namen Jesu, daß der Seitenstich kommen sollte, weil ihre Krankheit,
wie die Patientin sagte, jederzeit mit einem Seitenstich anfing. Der
Seitenstich wollte aber nicht kommen. Der Geistliche befahl es zu zweyen=
malen, daß der Seitenstich augenblicklich da seyn solle. Die Patientin
aber sagte: Ich empfinde gar keine Schmerzen. Der Geistliche nahm
sie bei der rechten Hand und befahl das dritte mal, daß der Schmerz
an der Seite sich allsogleich zeigen solle. Anstatt daß aber der Seiten=
stich kam, wurde der Kopf der Patientin taumelnd und sie fiel in eine
Freiß; da fing sie an das Maul zu krümmen, mit den Zähnen zu
knirschen, die Augen zu verdrehen, mit Händen und Füßen zu schlagen
und sich aufzubäumen. Jetzt haben wir es schon gewonnen! schrie der
Geistliche hellauf lachend. Er ließ die Patientin in diesem Zustand
zwey Paternoster beten und befahl sodann, daß die Freiß allsogleich
weichen sollte, und sie setzte sich langsam. Nachdem der Herr Pfarrer
die gnädige Frau ein wenig ausschnaufen ließ, sagte er zu ihr: Wir
müssen noch mehrere Proben haben, die Freiß muß noch einmal kommen,
aber recht stark! Die gute Frau fiel das zweite mal in die Freiß, wütete
und tobte mehr als zuvor. Cesset, sprach der Geistliche, und sie wurde
ruhig. Auf dieses befahl er, daß die Patientin sollte den Verstand ver=
lieren, völlig sollte sie ihn verlieren! schrie er dreymal, und sie fiel in
ein Delirium, während desselben schafte sie an, daß man ihr Feder und
Tinte bringen sollte, und daß der Brief allsogleich auf die Post getragen
werden sollte. Sie schwätzte noch mehrere lächerliche Sachen daher. Es
ist genug, sprach der Geistliche, ich befehle im Namen Jesu, daß der
Verstand allsogleich wiederkomme, und er war da. Wir fragten sie, ob
sie wisse, was sie gesagt habe, und sie antwortete: Ich weiß von nichts.
Es ist noch nicht genug, sagte der Geistliche, zu der Patientin, Sie
müssen alle die Tentationes haben, wie sie vom Teufel am Leibe sind
angefochten worden. Er machte, daß sie jetzt das Herzklopfen, so er beym
Anfang seiner Operation nicht hervorbringen konnte, bekam. Er war
auch so künstlich, ihr die rechte Hand, welche er hielt, starr zu machen.
Ich fühlte in der linken Hand, welche gelenk war, Zuckungen. Dies

war alles noch nicht genug, die so sehr geplagte Frau mußte auf des
Geistlichen Befehl mehrmalen in ein Freiß fallen, und zwar wie er es
haben wollte, in eine schreyende, und da schrie die Patientin erbärmlich,
und die Krämpfe waren scheußlich anzusehen. Er ließ sie darin bey-
läufig drey Minuten und sodann befahl er mit einem herrschenden und
groben Ton wie er allezeit zu machen pflegt, daß die Anfechtung sogleich weichen sollte, und die Patientin schien ruhig dazusitzen. Wegen
vielem Kirren und schreyen schnaufte sie hart, und der Geistliche war so
gnädig, sie ein wenig ausrasten zu lassen. Die Marter waren aber
noch nicht vollendet. Die arme gnädige Frau mußte bald wiederum
herhalten. Sie sind auch mit dem Zorn angefochten worden, sagte der
Geistliche zu ihr. Ja, ich war auch zornig, gab sie zur Antwort. Nun,
sprach er, sollen sie einen großen Zorn haben, und da derselbe anruckte,
schrie der Pfarrer, noch mehr, noch mehr! Dies Experiment war das
fürchterlichste, aber auch das verschlagendste. Die vom Zorn aufgeflammte
Frau, nachdem sie eine Zeit lang auf dem Kanapee mit unverruckten Augen,
mit ausgespannten Armen, halbgebogenen Fingern und bleckenden Zähnen, ohne ein Wort zu reden, da saß, sprang sie auf einmal auf, und
ging auf mich, der ich am Fenster stand, in voller Raserei los, und
wollte mich beissen und kratzen. Ich nahm sie aber bei den Armen,
hielt sie fest und sagte zweymal: Ich fürchte keinen Teufel. Ich ließ sie
los, und sie sprang das zweyte mal auf mich los; ich faßte sie wiederum,
und da ich sie hielt, schrie sie aus vollem Rachen: Du Ungläubiger,
Druden giebt es, aber keine Hexen. Ich lachte darüber, und wie ich sie
noch bei den Armen hielt, so brachte ich sie auf das Kanapee, worauf
der Geistliche ihr den Zorn durch den Machtspruch Cesset wiederum
abnahm."

Sterzinger ergeht sich weiter in Betrachtungen über
den Mißbrauch des Namens Jesu und die Ohnmacht des
Teufels seiner Person gegenüber, weshalb ihm die Sache
sehr verdächtig vorkommt, und sagt schließlich weiter:

„Gleich wie die Patientin, um den Befehlgeber in allen Stücken
den blinden Gehorsam zu leisten, in einen Zorn ausbrach, so fiel sie
auch bald vorwärts, bald rückwärts, wie es der Geistliche haben wollte,
und stund auf seinen Befehl vom Boden auf. In beiden Fällen hatte
ich den Arm der Patientin in meiner Hand und fühlte nichts steiffes
noch krampfartiges. Diese wunderlichen Proben oder Praecepta proba-
tiva um die Ungläubigen, wie der Herr Pfarrer vom Klösterle zu sagen
pflegt, zu überweisen, daß dergleichen Krankheiten vom Teufel herkommen,
dauerten zwey ganze Stunden, nämlich von halb elf früh bis halb ein

Uhr. Und noch war der Versuchsteufel nicht ausgetrieben. Die Frei=
frau von E. mußte sich Nachmittags wieder bei dem Operateur einstellen.
Indessen da sie das Mittagsmahl einnahm, klagte sie sehr über das
Kopfweh." [1])

Der weitere Verlauf der von dem Protokoll etwas ab=
weichenden Erzählung Sterzingers von der Nachmittag er=
folgten Heilung der Frau von Erdt bietet nichts Charakte=
ristisches außer der Anweisung Gaßners, wie sich dieselbe
bei einem etwaigen Rückfall selbst helfen könne. Gaßner
sagt:

„Sie sehen also, meine gnädige Frau, wie sie ihnen selbst helfen
können, wenn sie mit einer solchen Krankheit vom Teufel angefochten
werden. Denken sie mit einem festen Vertrauen auf den Namen Jesu,
und der Teufel muß mit seinen Infestationen weichen.„

Von den übrigen Fällen, die Sterzinger mitteilt, führen
wir nur noch einen einzigen an, welcher ebenfalls die Gaßner'sche
Behandlung der Kranken durch hypnotische Suggestion deutlich
veranschaulicht.

„Den zweiten Auftritt machte ein starker Bauernkerl, der die St.
Veitssucht hatte. Es brauchte gar nichts mehr, dem Patienten seine
Krankheit hervorzubringen, als ihn ernsthaft anzureden, die Hände auf
das Genick und Stirn zu legen, und ihn zu rütteln. Da dies geschah,
und sodann der fürchterliche Befehl erging, daß sich eben die Krankheit,
wie er es zu haben pflegte, also bald zeigen sollte, fing der Kerl an
zu tanzen und mit den Fingern zu schnalzen. Er machte im Zimmer
dreymal seine Reihe herum; dabey alle Zuseher etwas zu lachen hatten,
selbst der Exorcist dabey. Ich wollte auf eine That, die durch den aller=
heiligsten Namen Jesu hervorgebracht wurde, nicht lachen; ich konnte
mich doch dessen nicht enthalten, es gefiel mir gar zu wohl, wie der
Bauer herumtanzte, als wenn er im Wirthshause wäre, ich war aber
in meinem Sinn dabey böse, daß mit dem Heiligthum eine Komödie
gespielt wurde. Nachdem der Geistliche den ermüdeten Patienten aus=
schnaufen ließ, befahl er im Namen Jesu, daß sich die fallende Sucht
zeigen sollte. Der Patient folgte, warf sich auf den Boden, tobte mit
Händen und Füßen, wälzte sich hin und her, und brüllte wie ein Ochs.
Auf das wiederholte Cesset wurde der Bauer ruhig gemacht, stand vom
Boden auf, und trat zum Geistlichen hinzu, der ihn, ich weiß nicht

---

[1]) Also über Nachwehen, wie sie auf ungeschicktes Hypnotisieren folgen.

mehr, auf heut Nachmittag, oder Morgen wiederum bestellte, vor ihm zu erscheinen."

Sterzinger hatte also wohl oder übel einsehen müssen, daß die Gaßner'schen Kuren unbestrittene Thatsachen seien, und hielt die merkwürdige Begabung des Exorcisten für eine natürliche. Er sagt:

„Da ich also mit zureichendem Grunde nicht glauben kann, daß die Heilungen des Herrn Gaßner ein Werk Gottes, und die Hervorbringung der Krankheit ein Werk des Teufels seyen, so folgere ich in meinen Gedanken, daß unter der Gaßnerschen Operation eine geheimnißvolle Kraft aus dem Reiche der Natur vorhanden sey. Das Reiben des Exorcisten am Cingulo, das starke Drücken auf des Patienten Kopf, und zwar mit der rechten Hand an der Stirn, mit der linken am nervosen Teil des Genicks, die Betastungen an den Pulsadern; das Rütteln, die verschiedenen Stellungen und dergleichen mehrere physikalischen Vorkehrungen, die ich alle mit Augen gesehen habe, geben mir Anlaß zu glauben, daß entweder eine Magnetische, oder Elektrische, oder Sympathische Kraft die Wirkungen hervorbringe, und zwar um so leichter, weil die Einbildungskraft des Patienten ohnehin auf das Stärkste bewegt wird; teils durch den gepredigten und eingebildeten Glauben, teils durch den herrschenden Ton und scharfes Commando; teils durch das starre Ansehen; teils durch das übermäßige Vertrauen auf den heiligen Mann; teils durch die ganz gewisse eingebildete Hoffnung auf Genesung, und dergleichen andere reizende Vorbildungen, die fähig genug sind, die Phantasie in Verwirrung zu setzen und die Lebensgeister zu bewegen. Man lese nur den Tinum und Muratorium de viribus imaginationis, und den Tractat Lame sensitive des Launoi, und man wird mit Erstaunen finden, was die Einbildungskraft vermöge. Unzählige Beyspiele gaben sie aus, wie die Einbildungskraft den menschlichen Körper krank und gesund gemacht habe. Was die Magnetische, Elektrische und Sympathische Kräfte für Wirkungen im menschlichen Körper hervorbringen können, ist ohnehin jeden bekannt, nur die Manipulation und Application wissen wir nicht alle. Herr Gaßner kann es aber durch fleißiges Lesen der Magia naturalis erlernt haben. Was es immer nun seyn mag, wodurch Herr Gaßner seine Patienten bald krank, bald gesund machen kann, so bleybe ich bey meiner Meinung fest, daß alles ganz natürlich hergeht. Gott thut es nicht; der Teufel kann es nicht; also thut es die Natur!"

Soweit Sterzinger. Obwohl er also ehrlich genug war, die Wahrheit der Gaßnerschen Heilungen anzuerkennen, setzte er dennoch wegen Mißbrauch des Namens Jesu und wegen des Teufelsskandals beim Bischof von Regenburg ein Verbot der Exorcismen Gaßners durch, worauf sich dieser vielgeschmähte Mann dann vom Schauplatz seiner Thätigkeit zurückzog. Er starb im Jahre 1779.

Gleichzeitig mit Gaßner lebte ein in Thüringen heute noch allgemein bekannter und genannter Wundermann. Es war dies der 1793 zu Thal bei Ruhla gestorbene (und auch daselbst geborene) Glaser Johannes Hornschuh, welcher als Seher und Heilmagnetiseur unter dem Namen Vörwärts-Häns[1]) noch heute jedem Kind bekannt ist und von Ludwig Storch zum Helden einer gleichnamigen Novelle gemacht wurde, auf die ich die Freunde des Über-sinnlichen um so mehr aufmerksam mache, als die darin aus dem Leben des ländlichen Wundermannes, der sogar von Joseph II. um Rat gefragt wurde und sich des ganz be-sonderen Schutzes des hochgebildeten Herzogs Ernst II. von Gotha (1745—1804) erfreute, erzählten Umstände That-sachen sind, welche Storch von seinem Vater erfahren hatte, der zu Lebzeiten des Vörwärts-Häns herzoglicher Physicus zu Ruhla war.

Dies ist in großen Zügen das bis zur Zeit Mesmers über heilmagnetische Praxis, insofern sie durch Manipulation und Suggestion ausgeübt wird, vorliegende Material, wobei jedoch das ganze damit eng verbundene Gebiet der magisch-sympathetischen Heilkunde in ihrem ganzen Umfang kaum berührt ist. Erwähnt muß auch ferner werden, daß die Kehrseite des heilenden Einflusses von Wort und Hand in dem universal-geschichtlichen Problem des Hexenwesens

---

[1]) Johannes Hornschuhs Eltern besaßen ein Vorwerk, d. h. einen zu einem Gut gehörigen kleinen Bauernhof, von dem der Sohn im Ruhlaer Dialekt „Vörwerks-Häns" genannt wurde, woraus „Vörwärts"- (die Endsylbe ist fast stumm) „Häns" entstand.

zu suchen ist, insofern hier die Berührung der vom bösen
Willen gelenkten unreinen Hand und der suggestive Einfluß
des tückisch geraunten Wortes anstatt Heilung und Leben,
Krankheit und Tod bringt. Überall zu allen Zeiten und
bei allen Völkern, spielt in der schädigenden Zauberei die
schädigende Berührung und die „Berufung", das „Beschreien"
die Hauptrolle, und ich werde, wie schon im Jahre 1889
Freiherr Dr. du Prel in seinem Aufsatz über „die For=
schungsweise der psychologischen Gesellschaften" [1]) den
Wunsch aussprach, in einem besondern Werk über das
Hexenwesen untersuchen, inwieweit dasselbe von diesem
Standpunkt aus erklärt werden kann.

Wir wenden uns nun zur Darstellung der vor Mes=
mer_ gebräuchlichen Anwendung des Mineralmagneten und
der vor ihm über Heilmagnetismus, unter welchem man
sowohl den mineralischen, als auch den animalischen ver=
stand, aufgestellten Theorien, wobei wir sehen werden, daß
Mesmer völlig auf den Schultern von Paracelsus, Helmont,
Fludd und Maxwell steht.

Über den Mineralmagneten wurde im Altertum und
Mittelalter viel, doch nichts Erwähnenswertes gefabelt.
Den ersten Spuren einer rationellen medicinischen Anwen=
dung desselben begegnen wir erst bei Paracelsus, welcher
in einer besonderen kleinen Schrift über den Magneten [2])
sagt:

„Der Magnet hat lang vor Aller Augen gelegen, und keiner hat
daran gedacht, ob er weiter zu gebrauchen wäre, und ob er, außer daß
er das Eisen an sich zieht, auch noch andere Kräfte besitze. Die lausigen
Doktores werfen mir oft unter die Nase, ich wollte den Alten nicht folgen;
aber in was soll ich ihnen folgen? Alles, was sie vom Magnet ge=
sagt haben, ist nichts. Legt das, was ich davon sage, auf die Wage
und urteilt. Wäre ich blindlings den andern gefolgt und hätte nicht
selbst Versuche angestellt, so würde ich ebenfalls nicht mehr wissen, als

---

[1]) Vgl. „Münchener Allgemeine Zeitung" v. J. 1889, Nr. 321.
[2]) „Von den Kräften des Magneten".

was jeder Bauer sieht, als: er zieht das Eisen an. Allein ein weiser Mann soll selbst untersuchen, und so habe ich gefunden, daß der Magnet außer dieser offenbaren, einem jeden in die Augen fallenden Kraft, das Eisen anzuziehen, noch eine verborgene Kraft besitzt."

„Bei den Krankheiten muß man den Magnet auf das Centrum legen, von welchem die Krankheit ausgeht. Der Magnet hat einen Bauch (den anziehenden) und einen Rücken (den abstoßenden Pol) und es ist nicht einerlei, wie man (in dieser Hinsicht) den Magnet auflegt."

So legt z. B. Paracelsus bei allen Arten der Epilepsie an den Unterleib vier Magnete mit nach oben gekehrten Nordpolen an, auf das Haupt dagegen, einen einzigen mit dem Südpol nach unten gerichteten.

„Dieser Paragraph — sagt Paracelsus — ist mehr wert als Alles, was die Galenisten ihr Leben lang geschrieben und auf ihren hohen Schulen ihr Leben lang gelehrt haben. Hätten sie anstatt ihrer Ruhmredigkeit den Magneten vor sich genommen, sie hätten mehr ausgerichtet als mit all ihren gelehrten Klappereien. Er heilt die Flüsse der Augen, Ohren, Nase und äußern Glieder. Auf diese Art heilt man auch offene Schenkel, Fisteln, Krebs, Blutflüsse der Weiber usw. Der Magnet zieht ferner die Brüche und heilt alle Rupturen; er zieht die Gelbsucht aus, und die Wassersucht wieder zurück, wie ich oft in der Praxis erfahren habe; allein es ist nicht nötig, den Unwissenden alles ins Maul zu kauen."

„Ich behaupte klar und offen aus dem, was ich vom Magnet selbst aus Erfahrung erprobt habe, daß in ihm ein so hohes Geheimnis verborgen liegt, ohne welches man in vielen Krankheiten gar nichts ausrichten kann."

Aus dem weiteren sechzehnten und dem siebenzehnten Jahrhundert sind wenige Spuren solcher Anwendung des Magneten nachweisbar, denn die sogenannte „magnetische Heilkunde", die „Waffensalbe" rc. hatten mit der medicinischen Anwendung des Mineralmagnetismus nichts gemein, und die mit gepulvertem Magneterz angemachten Salben, wie man sie brauchte, um z. B. verschluckte eiserne Gegenstände aus dem Körper zu entfernen, [1] waren gänzlich unwirksam.

---

[1] Vgl. Oswald Croll: Basilica chymica. Francof. 1624,4". pag. 65. ff.

Nur die Ärzte Fabricius von Hilden und Kercke=
ring[1].) bedienten sich des Magneten, um Eisenstückchen aus
Wunden zu entfernen, eine Methode, deren auch Came=
rarius und Stocker empfehlend gedenken.[2]) Ferner sagt
der bekannte Peter Borelli, daß der am Halse getragene
Magnet die Frauen von Mutterbeschwerden heile, auch weiß
er, daß durch Bestreichen mit dem Magneten Augen=, Ohren=
und Zahnschmerzen geheilt werden.[3])

Reichlicher begegnen wir hierhergehörigen Versuchen
im 18. Jahrhundert.

Friedrich Wilhelm Klärich, Physicus zu Göttingen
und königl. englischer Leibarzt, wandte den Magneten zur
Heilung von Zahnschmerzen an. Hollmann und Kästner
bestätigten dessen Erfahrungen und bemerkten noch, daß
durch den Magneten an der berührten Stelle Jucken, Schmerz
und vermehrte Ausdünstung entstand.[4]) Bald darauf ver=
suchte Christoph Weber, Arzt zu Wellsrode, (1734—1784)
zuerst die Kraft des künstlichen Magneten bei einem merk=
würdigen Augenleiden,[5]) während dessen der Kranke bei
und nach einem gehabten Ärger Alles doppelt und dreifach
sah. Weber fand, daß, so oft der Nordpol des Magnets
dem Auge genähert wurde, großes Kältegefühl, schneidende
Schmerzen, vermehrte Thränenabsonderung und darauf
größere Klarheit der Augen eintraten. Der Magnet leistete
auch bei Augenentzündungen gute Dienste und erregte, vor
das Ohr gehalten, in demselben ein Geräusch. — Johann
August Philipp Geßner, Arzt zu Nördlingen (1738 bis
1801), stillte heftige rheumatische Schmerzen in der Hand

---

[1]) Observat. chir. cent. V. Obs. 21. Spicil. anat. obs. 44.

[2]) Syllog. med. arcan. Tubing. 1683. Cent. VIII. pag. 565.

[3]) Observat. Cent. Paris. 1656. pag. 226.

[4]) Göttinger Anzeigen v. J. 1765., S. 252., 714 u. 777.

[5]) Die Wirkung des künstlichen Magnets bei einem seltenen Augen=
fehler. Hannover 1767,8°.

durch den künstlichen Magnet, welcher zwar bei der An=
näherung die Schmerzen momentan heftig vermehrte, aber
dann sofort völlig stillte. [1] — Der berühmte Arzt De la
Condemine machte die Wahrnehmung, daß bei Augenent=
zündungen der Nordpol des Magnets die Schmerzen lindert,
der Südpol sie dagegen verstärkt; daß der Magnet wohl
bei cariösem, nicht aber bei rheumatischem Zahnschmerzen
helfe, und zwar mit beiden Polen zugleich. [2]

Zur Erklärung dieser Wirkungen zog man natürlich
in erster Linie die mechanischen Ursachen des Druckes, der
Reibung und der Kälte heran; allein Weber und Glau=
brecht [3] bewiesen die Unrichtigkeit dieser Annahme, wes=
halb der Leipziger Arzt Johann Daniel Reichel (1741
bis 1783) mit Recht Ausströmungen des Magnets für die
wirkende Ursache hielt. [4]

Soviel über die Anwendung des Mineralmagnetismus
vor Mesmer.

Der Magnetismus ist bei Paracelsus jedoch nicht nur
eine Eigenschaft oder Kraft des Mineralmagneten, sondern
eine kosmische Kraft und in der Identität der großen und
kleinen Welt, des Makrokosmos und Mikrokosmos, gegründet.
Im Menschen ist etwas Siderisches oder ein von den Sternen
kommendes Wesen. Obschon dasselbe körperlich ist, so kann
es doch in Hinsicht auf den weit gröberen Leib für einen
Geist gehalten werden. Dieses Wesen steht mit der großen
Welt, dem Gestirn, von dem es abstammt, in Verbindung
und zieht wie ein Magnet dessen Kräfte an sich. Dieses
Wesen nennt Paracelsus Magnes Microcosmi und lehrt, [5]

---

[1] „Sammlung von Beobachtungen aus der Arzneygelehrsamkeit.“
Nördlingen. 1769, 8⁰, Bd. I., S 220.

[2] Journal de médec. Vol. 27. p. 265.

[3] Analecta de odontalgia. Argent. 1766. 4⁰.

[4] Dissertatio de magnetismo in corpore humano. Lipsiae 1772, 4⁰.

[5] De Peste, Tract. 2 und 4.

daß dasselbe unter Umständen aus dem Chaos Krankheiten anziehe, insofern die magnetische Kraft durch die ganze Welt verbreitet sei und der Magnes Microcosmi giftige Influentien aus dem Mond und den Sternen an sich ziehe, während diese auch umgekehrt derartige Effluvien an sich ziehen und durch ihre Strahlen verbreiten können.

Die Erkrankung resp. Ansteckung leitet Paracelsus von der dem Menschen angeborenen magnetischen Natur ab, durch welche der Mensch schädliche Einflüsse aus dem Chaos[1] an sich zieht.

— „Daher müßt ihr verstehen, daß der Magnet der Lebensgeist im Menschen sei, welcher den inficirten Menschen sucht, da sich beide außen im Chaos vereinen. So werden Gesunde von Kranken durch magnetische Anziehung angesteckt. Solches lernet aus einem Beispiel. Wenn gesunde Augen die triefenden eines andern ansehen, so zieht der Magnet der gesunden Augen das Chaos der Kranken an sich, und das Übel springt gleich auf die gesunden Augen über."[2]

Auf diese die Grundzüge der kosmisch=magnetischen Lehre Mesmers enthaltende Theorie gründet Paracalsus seine magnetisch=sympathetische Kur der Krankheiten. Nach seiner Lehre liegen in der Mumie oder dem sog. menschlichen Magneten alle körperlichen Kräfte, so daß eine kleine Dosis desselben alles Homogene aus dem ganzen Leib an sich zieht. Man kann sich auf diese Art von den unheilbarsten Krankheiten, Gicht, Podagra u. s. w. befreien, wenn man sich gleichsam zu einem Eisen macht; d. h. wenn man einen durch den menschlichen Magneten ausgezogenen Teil der kranken Mumie (Lebenskraft, Nervenäther 2c.) einem andern gesunden Körper beibringt. Dieser zieht sodann — wie der Magnet das Eisen — die Krankheit gänzlich an sich, indem seine kräftige gesunde Natur die ihm beigebrachte geringe Dosis kranker Mumie heilend um=

---

[1] Chaos ist bei Paracelsus ein sehr vieldeutiger Begriff und bald mit Weltall, bald mit Krankheitsstoff zu übersetzen.

[2] De Peste.

bilbet und durch diese magnetisch heilend auf den kranken Or=
ganismus zurückwirkt.

Über die diesbezügliche Praxis ist Paracelsus nach
seiner Art äußerst zurückhaltend; doch finden Interessenten
Genügendes darüber in den Schriften von Tenzel, Max=
well usw.

Bemerkt sei noch, daß Paracelsus auch den Hypnotis=
mus kannte, insofern er berichtet, [1] daß die Mönche zu
Kloster Ossiach in Kärnthen Kranke geheilt hätten, indem
sie dieselben Kryſtallkugeln anblicken ließen.

Der mit Paracelsus gleichzeitige Agrippa von Net=
tesheym kennt die mesmeriſch=ſuggestive Beeinfluſſung und
charakteriſiert ſie ſehr gut, indem er ſagt: [2]

„Die Leidenschaften der Seele, welche der Phantaſie folgen, können,
wenn ſie heftig ſind, nicht allein den eigenen Körper verändern, ſondern
ihre Wirkung kann ſich auch auf einen fremden Körper erſtrecken — ſo
daß ſie ebenſo Krankheiten des Geiſtes heilen als hervorrufen kann. —
Eine ſtark erhobene und durch eine lebhafte Imagination erregte Seele
bringt nicht allein ihrem eigenen, ſondern auch fremden Körpern Ge=
ſundheit und Krankheit.“

Ebenſo kennt Agrippa den Hypnotismus, den er unter
dem Namen der Fascination oder des Bannes ſehr gut
mit folgenden Worten ſchildert: [3]

„Auf eine ähnliche Weiſe kann der Menſch, wenn er ſowohl durch
die Leidenſchaften ſeiner Seele, als durch die gehörige Anwendung natür=
licher Dinge ſich himmliſcher Gaben theilhaftig gemacht hat, einen weniger
Starken bannen und zur Bewunderung und zum Gehorſam
zwingen; — er kann einen andern in Sklaverei und Krankheit
ſtürzen, — ihn zur Ruhe, Freude und Traurigkeit zwingen, — zur
Verehrung, — Furcht oder Zwietracht, — zur Liebe und Fröhlichkeit, —
zur Überzeugung und Nachgiebigkeit. Die Wurzel dieſes Bannes aber
iſt ein ſtarkes und beſtimmt ausgedrücktes Verlangen der Seele unter

---

[1] Opera Ed. Straßburg, 1616, 2. Bd. S. 533.
[2] Occulta Philosophia, Lib. I. cap. 65.
[3] A. a. O. Lib. I. cap. 68.

Beihülfe des himmlischen Einflusses. Die Auflösung oder Verhinderung derartiger Bannungen erfolgt durch eine entgegengesetzte Leidenschaft, welche die andere an Stärke übertrifft; denn ebenso wie ein gewaltiges Verlangen die Seele bindet, kann es auch lösen und verhindern."

Bei Helmont finden wir zum ersten Mal das Wort Magnetismus im modernen lebensmagnetischen Sinn gebraucht, indem er in seiner berühmten Abhandlung „De magnetica vulnerum curatione" sagt: [1]

„Die materielle Natur zieht täglich ihre Formen durch einen beständigen Magnetismus von oben herab, indem sie sich die Gunst des Himmels erbittet. Gleichzeitig findet vom Himmel aus unsichtbar eine Anziehung nach oben statt, so daß ein freier gegenseitiger Verkehr stattfindet, und in Einem auch das Ganze enthalten ist. Der Magnetismus, welcher jetzt allgemein blüht, enthält außer dem Namen weder Neues, noch Paradoxes, oder doch nur für solche Leute, welche Alles verlachen und dem Satan zuschreiben, was sie nicht verstehen."

„Auch der Magnetismus ist eine himmlische, den astralen Influenzen ähnliche, an keine Entfernung gebundene Eigenschaft." [2]

„Wenn wir uns magnetischer Mittel bedienen, so mögen wir gewiß sein, daß dieselben Gott angenehm und ihr Gebrauch eine Handlung ist, welche in beiden Welten mit gleicher Ordnung und gleichem Schritt einen und denselben Führer besitzt." [3]

„Paracelsus ist weit davon entfernt, sich ein schlechtes Verdienst erworben zu haben, weil er den im Alterthum unbekannten Magnetismus zur Untersuchung der Dinge und eines gegründeten Naturstudiums, welches in allen Schulen unfruchtbar daniederliegt, Dienendes schon sehr einleuchtend und nutzbringend hervorhob: er hat vielmehr den rechten Titel „Monarch aller Geheimnisse" seinen Vorgängern entrissen, und wir müssen ihn schätzen, wenn wir nicht mit seinen Hassern Alles, was zu gutem und edlem Zweck dient, hämisch bekritteln wollen." [4]

„Alle Dinge enthalten in ihrem Ens seminale ein particulares Firmament, vermittelst dessen das Untere mit dem Obern nach dem Gesetz der Freundschaft und Harmonie verkehrt; und aus diesem Verkehr kann man den Magnetismus und die überall in die Dinge gelegten und ihnen eigenen Kräfte der Influenz abstrahiren." [5]

---

[1] A. a. O. § 11.
[2] A. a. O. § 40.
[3] A. a. O. § 48.
[4] A. a. O. § 53.
[5] A. a. O. § 61.

„Magnetismus nenne ich hier in Ermangelung eines andern Wortes den überall waltenden wechselseitigen Einfluß der sublunarischen Dinge und eine geheime Anpassung, durch welche Abwesendes auf Abwesendes durch Anziehen oder Antreiben und Abstoßen wirkt."[1]

Bezüglich der Bezeichnung des Wesens des Magnetismus sagt Helmont noch:[2]

„Das Mittel dieser geheimen Eigenschaft, wodurch Abwesendes auf Abwesendes durch Wechselverhältnisse einwirkt, ist das Magnale magnum. Allein dasselbe ist keine körperliche Substanz, welche man verdichten, messen und wägen kann, sondern es ist ein ätherischer Geist, der rein und lebendig alle Dinge durchdringt und die Masse des Weltalls bewegt."

Interessant ist, wenn man die Experimente Reichenbachs und Fechners mit Frau Ruf, und Zöllners mit Slade bezüglich der Ablenkung der Magnetnadel und das von Slade bewirkte Magnetisieren mehrerer Stricknadeln durch ein seinem Organismus entströmendes Agens berücksichtigt, daß Helmont ein Verfahren beschreibt,[3] wonach nicht magnetische Nadeln durch eigentümliche Manipulationen beim Schmieden (in Glühhitze) magnetisch gemacht werden. Das Hauptagens bei diesem Verfahren ist nach Helmont der Wille.

Überhaupt ist nach unserem Autor der Wille die erste aller Kräfte,[4] denn durch den Willen des Schöpfers wurde Alles geschaffen und alle Dinge in Bewegung gesetzt. Im Menschen ist der Wille die Grundursache seiner Bewegungen. Der Wille ist ein Eigentum aller geistigen Wesen und zeigt sich in ihnen um so wirksamer, je mehr sie von der Materie befreit sind; die Kraft ihrer Wirksamkeit bezeichnet die Reinheit der Geister. Die unendliche Kraft des Willens im Schöpfer aller Dinge ist auch den erschaffenen Wesen eingepflanzt und kann durch materielle Hindernisse mehr und

---

[1] A. a. O. § 62.
[2] A. a. O. § 151.
[3] De magnetica vulnerum curatione. § 169.
[4] A. a. O. § 91 u. Blas humanum, § 10.

mehr beschränkt werden. Die geistigen Ideenbilder (Entitates ideales), welche gewissermaßen mit einem physischen Wesen umkleidet sind, wirken auf eine natürliche Weise durch Vermittelung der Lebensthätigkeit auf den Menschen und die lebendem Geschöpfe überhaupt. Sie wirken mehr oder weniger durch die Kraft des Willens des Einwirkenden, und ihre Wirksamkeit kann durch den Willen dessen, der sie empfängt, aufgehalten werden. Ein Magier wird also auf schwache Wesen viel stärker einwirken als auf starke, weil die Kraft, durch den Willen einzuwirken, Grenzen hat und der des andern Menschen mit gleicher oder größerer oder geringerer Stärke widerstrebt.

„Jene magnetische, fernwirkende, natürliche Kraft der Seele liegt gleichsam schlafend und der Erweckung entbehrend im Innern des Menschen verborgen. Sie schläft und waltet wie trunken (unbewußt) in uns. Es schläft also die magische Kraft und Wissenschaft und wird durch einen bloßen Wink in Action gesetzt, welche um so lebendiger ist, je mehr das Fleisch und die Finsterniß des äußern Menschen zurück= gedrängt werden."[1]

„Ich lehre außerdem noch, daß ein Wechselspiel und Connex zwischen allen geistig wirkenden Dingen vorhanden sei und daß ein Geist mit dem andern kämpfe, wie wir bei den Werken der Hexen sehen, oder daß einer mit dem andern befreundet sei, wie beim Magneten. Damit erkläre ich die Fascination und Ligatur der Seelen und wage endlich zu behaupten, daß der Mensch alle andern Geschöpfe beherrsche und durch seine natürliche Magie die magischen Kräfte anderer Geschöpfe bezwingen könne, welche Herrschaft viele falsch und mißbräuchlich der Kraft der Gesänge und Beschwörungen zuschreiben."[2]

„Ich habe bisher vermieden, das große Geheimniß zu offenbaren, nämlich handgreiflich zu zeigen, daß im Menschen die Kraft verborgen liege, allein durch den Willen und die Imagination nach außen zu wirken und andern Dingen diese Kraft einzuprägen, welche hernach fort= dauert und auf die entferntesten Gegenstände wirkt. Durch dieses Ge= heimniß allein wird Alles sein wahres Licht erhalten, was wir bisher von den ideenhaften Wesenheiten und dem Geiste, dem Magnetismus der

---

[1] De magn. vuln. cur. § 99.
[2] A. a. O. § 131.

Dinge, der Phantasie, der magischen Kraft des Menschen und seiner Oberherrschaft über die Körperwelt gesprochen haben."[1]

Robert Fludd (1574—1637) führt als Schopenhauer ante Schopenhauerum alles Seiende in seiner Philosophia Moysaica[2] auf den Willen und die Verneinung des Willens oder, wie er sich ausdrückt, auf die Voluntas und Noluntas Dei zurück. Beide Urprincipien äußern sich in der materiellen Welt zunächst als Licht und Finsternis, denen Güte, Leben, Gesundheit, Thätigkeit usw. einerseits, andererseits Tod, Übel, Krankheit, Mangel, Leere, Ruhe usw. gegenüberstehen und entsprechen. Alles Existierende ist eine Emanation Gottes und kann aktiv oder passiv, scheinbar gut oder scheinbar böse sein. Wirklich böse ist nichts, sondern es erscheint nur so, weil es der Noluntas, der latenten Gottheit, entspricht. Nichts ist aus nichts erschaffen, sondern emaniert aus dem Aleph tenebrosum oder dem unbegrenzt formlos Unendlichen, welches erst durch den Willen Gottes eine Form annimmt und zu etwas wird. In diesem Ur-Etwas liegen die beiden Urqualitäten eingepflanzt wie in jedem geschaffenen Ding, die in ihrer Gesamtheit nur Potenzen der Thätigkeitsäußerungen Gottes sind.

Jeder sichtbare Körper ist passiv und wird von einem unsichtbaren Agens belebt.

Der Mensch besitzt als Mikrokosmos die Eigenschaften aller Dinge, also auch des Magneten. Er ist mit magnetischer Kraft (Virtus magnetica microcosmica) begabt, welche in der kleinen Welt denselben Gesetzen wie in der großen Welt unterworfen ist. Der ist und wirkt daher polar anziehend oder abstoßend magnetisch. Er besitzt wie die Erde zwei Pole, von denen aus ein nördlicher und ein südlicher, ein aktiver und ein passiver Strom im Menschen kreisen. Der

---

[1] De magn. vuln. cur. § 169.

[2] Goudae, 1638. Fol. Fludd kam durch die indische Elemente enthaltende Kabbalah zu diesen Speculationen.

Menſch wird durch das Rückgrat, wie die Erde durch den
Äquator, in zwei ungleichen Magnetismus beſitzende Hemi=
ſphären geteilt. Die linke Seite entſpricht der ſüdlichen
Hemiſphäre und beſitzt paſſiven, die rechte der nördlichen
und beſitzt aktiven Magnetismus. Wenn ſich zwei Menſchen
einander nähern, ſo iſt ihr Magnetismus entweder paſſiv oder
aktiv. Bei der Sympathie und Attraktion gehen die körperlichen
Strahlen vom Centrum nach der Peripherie und verbinden
ſich außerhalb der Körper freundlich; bei der Antipathie
werden die magnetiſchen Strahlen an der Peripherie ge=
brochen und nach dem Centrum zurückgeworfen, wodurch
negativer Magnetismus und Abneigung entſteht. — Krank=
heiten und moraliſche Eigenſchaften laſſen ſich durch magnetiſche
Strahlen übertragen, heilen und verändern.[1])

Dieſe Lehren Fludds ſpann deſſen Schüler William
Maxwell in ſeinem kleinen Werkchen „De medicina mag-
netica"[2]) weiter fort und ſtellte darin hundert Jahre vor
Mesmer bereits deſſen Theorie in nuce auf. Zunächſt ſagt er:[3])

„Die Seele iſt nicht allein in dem eigenen ſichtbaren Körper,
ſondern auch außerhalb deſſelben und wird von keinem organiſchen
Körper begrenzt. — Die Seele wirkt auch außerhalb des insgemein ſo=
genannten eigenen Körpers. — Von jedem Körper ſtrömen körperliche
Strahlen aus, in welchen die Seele durch ihre Gegenwart wirkt
und denſelben Kraft und Widerſtandsfähigkeit verleiht. Es ſind aber
dieſe Strahlen nicht nur körperlich, ſondern ſie beſtehen auch aus ver=
ſchiedenen Theilen. — Dieſe Strahlen, welche aus den Körpern der
Lebeweſen ſtrömen, beſitzen einen Lebensgeiſt, durch welchen die Seele
ihre Wirkungen ausführt."

Im Kommentar dazu heißt es:

„Dieſer Lebensgeiſt iſt flüchtig, denn jeden Augenblick tritt ein
Theil von ihm aus dem Körper, und es iſt ganz der Vernunft gemäß,
daß er mit den in Strahlen aufgelöſten Körpertheilchen austrete. Denn
daß er dieſe austretenden Theilchen verlaſſen und in nicht diſponirte

---

[1]) Philosophia Moysaica, Fol. 113 u. 114.
[2]) Frankfurt, 1679, 12⁰
[3]) A. a. O. Lib. I.

Körper eindringen sollte, dafür kann kein Grund angegeben werden, ja
es erscheint geradezu als unmöglich. Daß die Ausstrahlungen, mit
denen er austritt, ihn zurückzuhalten fähig seien, ist leicht erklärbar:
denn die Ausstrahlungen behalten die Eigenthümlichkeiten des Körpers,
von dem sie ausgehen; ja, sie könnten, wenn dieser Geist nicht zugegen
wäre, das, was sie thun, nicht vollbringen, und würden auch nicht mit
der Kraft der Seele wirken, denn dieser Geist ist das Werkzeug der
Seele. Die menschlichen Körper werden also entweder auf keine Ent=
fernung wirken, oder dieser Geist muß mit seinen Ausstrahlungen die
gedachte Ferne berühren. Im Anfang des Lebens besitzt aber durch die
Kraft der jetzt noch mächtigeren Seele der menschliche Körper sowohl als
der der übrigen Animalien eine größere Energie in den natürlichen
Wirkungen."

In den dem zweiten Buch seines Werkes angehängten
Aphorismen sagt Maxwell weiter:

„Die Welt ist von der ersten und höchsten vernünftigen Seele
beseelt, welche die Samenursachen der Dinge in sich enthält, die vom
Glanze der Ideen des ersten Verstandes ausgehend, gleichsam die Werk=
zeuge sind, durch welche dieser große Körper regiert wird; und die Glieder
der goldenen Kette der Vorsehung." (Aph. 1.)

„Wenn die Wirkungen der Seele ein Ziel finden, so wird ein
Körper erzeugt oder aus der Kraft der Seele hervorgebracht und nach
deren Imagination verschieden geformt, weshalb sie über den Körper
eine Oberherrschaft erhält, die sie nicht haben könnte, wenn er nicht
ganz und gar von ihr abhinge." (Aph. 2.)

„Bei dieser Schöpfung wird, indem die Seele sich einen Körper
baut, etwas Drittes, zwischen beiden in der Mitte Stehendes erzeugt,
wodurch die Seele inniger mit dem Körper verbunden und alle Wirkungen
der natürlichen Dinge ausgeführt werden. Dieses Dritte wird Lebens=
geist genannt." (Aph. 3.)

„Die Wirkungen der natürlichen Dinge werden von diesem Geiste
je nach der Beschaffenheit der Organe ausgeführt." (Aph. 4.)

„Nichts Körperliches besitzt eine Kraft, außer insofern es Werkzeug
des genannten Geistes ist oder von ihm geleitet wird, denn das rein
Körperliche ist auch rein passiv." (Aph. 6.)

„Wenn du Großes wirken willst, so entkleide die Dinge so viel
als möglich ihrer Körperlichkeit." (Aph. 7.)

„Die Organe, durch welche dieser Geist wirkt, sind die Eigenschaften
der Dinge, die, an und für sich betrachtet, so wenig etwas wirken können,

als das Auge ohne Leben zu sehen vermag, insofern sie nur eine Modification der Materie oder des Körpers sind." (Aph. 11.)

„Der allgemeine, vom Himmel herabkommende, reine, klare und unbefleckte Lebensgeist ist ein Vater des in allen Dingen befindlichen besondern Lebensgeistes; er erzeugt nämlich denselben im Leibe und vervielfältigt ihn und verleiht auch dem Körper die Fähigkeit der Fort=pflanzung." (Aph. 27.)

Die lebensmagnetische Behandlung deutet Maxwell mit den Worten an:

„Wer den von der Kraft eines Körper erfüllten Geist mit einem andern, zur Veränderung disponirten, verbinden kann, der wird viel Wunderbares hervorbringen." (Aph. 29.)

Auf magnetisierte Gegenstände spielt Maxwell in fol=gendem Aphorismus an:

„Dieser Geist strömt beständig vom Himmel aus und wieder zu demselben zurück, und er kann von einem erfahrenen Meister mit einem jeden Ding nach der Disposition des Gegenstandes auf wunderbare Art vereinigt werden und die Kräfte der Dinge vermehren." (Aph. 38.)

Wenn Maxwell (Aph. 49) sagt: Der Geist wird von einem Brudergeiste angeregt, wenn er ihm allzusehr ausge=setzt ist," so scheint er die Erzeugung des Somnambulismus im Auge gehabt zu haben, weil dieselbe durch Anregung von Geist zu Geist geschieht. Vielleicht aber meint er mit seinen mystischen Worten, zu denen die Verhältnisse die Vertreter des Okkultismus zwangen, auch nur die Suggestion.

„Wo dieser Geist eine ihm verwandte geeignete Materie findet, da bringt er jener Verwandtschaft Angemessenes hervor und drückt dem Zustandegekommenen sein Siegel auf." (Aph. 60.)

„Wo der mit den Eigenschaften eines Körpers verbundene Geist einem andern mitgetheilt wird, so entsteht wegen des wechselseitigen Hin= und Herströmens der Geister zu ihren Körpern eine gewisse Sym=pathie, welche nicht so leicht auflöslich ist als jene von der Imagination erzeugte." (Aph. 61.)

Maxwell kennt also den magnetischen Rapport und seinen Unterschied von der hypnotischen Faszination. — Über Heilungen durch magnetisierte Gegenstände spricht sich Maxwell folgendermaßen aus:

„Wer den Lebensgeist abzusondern weiß, der kann den Körper, um dessen Geist es sich handelt, auf jede Entfernung mit Hülfe des allgemeinen Geistes heilen." (Aph. 69.)

„Wer das Licht den Weltgeist nennt, der wird vielleicht von der Wahrheit nicht sehr abirren, denn entweder ist er das Licht, oder er hat seinen Wohnsitz im Licht." (Aph. 78.)

„Wer den Weltgeist und seinen Nutzen kennt, der kann jede Verderbniß verhindern und dem besondern Geist die Herrschaft über den Körper verschaffen. Die Ärzte mögen sehen, wieviel dies zur Heilung von Krankheiten beiträgt." (Aph. 92.)

„Daß es ein Universalmittel geben könne, ist bereits bekannt, insofern der besondere Geist, wenn er gestärkt wird, alle Krankheiten durch sich selbst zu heilen vermag, wie die allgemeine Erfahrung lehrt; denn es giebt keine Krankheit, die nicht schon ohne die Hülfe der Ärzte vom Lebensgeist curirt worden wäre." (Aph. 93.)

„Das Universalmittel ist nichts Anderes als der in einem geeigneten Subjecte vervielfältigte Lebensgeist." (Aph. 94.)

Mit Maxwell schließt die Reihe der Vorgänger Mesmers, welcher deren Lehren in seinem System zusammenfaßt und fortbildet.

Zweites Kapitel.

—— — ——

Zur Vorgeschichte des Somnam-
bulismus.

„Und da der Spielmann auf der Seite spielte, kam die
Hand des Herrn auf ihn. Und er sprach: So spricht der
Herr." 2. B. d. Könige, cap. 3. v. 15 u. 16.

Wenn ich eine vollständige Vorgeschichte des Somnam=
bulismus schreiben wollte, so würde diese Arbeit sich mit dem
überwiegend größten Teil aller übersinnlichen Vorgänge aus
der Zeit vor Mesmer befassen müssen und ein mehrbändiges
Werk werden. Dies kann natürlich nicht meine Absicht sein;
ich beschränke mich auf den summarischen Nachweis, daß
der Somnambulismus, möge er sich spontan eingestellt
haben oder künstlich erzeugt worden sein; Jahrtausende lang
vor Mesmer und Puysegur bekannt war, und daß diese
Männer nur ein neues Wort für eine alte Sache, höchstens
eine neue Methode, den genannten Zustand herbeizuführen,
erfanden.

Zweitens will ich die Mittel untersuchen, welche man
vor den genannten Männern zur Erzeugung des Somnambulismus anwandte, wobei es mindestens fraglich wird, ob
Mesmer wirklich eine neue Methode erfand. Drittens

endlich gedenke ich eine möglichst vollständige Zusammen=
stellung derjenigen Stellen zu geben, welche bei den heiligen
und profanen Schriftstellern des Altertums und der christ=
lichen Zeit die Kenntnis des Somnambulismus beweisen.

Ich würde das Wort Somnambulismus am liebsten
ganz beseitigt oder doch nur in seiner ursprünglichen Bedeu=
tung des Nacht= oder Schlafwandelns angewendet sehen,
denn, wenn wir offen sein wollen, ist seine Anwendung auf
gewisse Erscheinungen des Fernempfindens eine mißbräuchliche.
Fern= und Hellsehen ersetzen dieses unklare und gegenüber
der offiziellen Medizin zu vielen Mißverständnissen Anlaß
gebende Wort je nach der Sachlage vollständig. Wollte man
das Wort Somnambulismus aus Pietät gegen die Väter
des modernen Lebensmagnetismus, welche dasselbe faute de
mieux anwandten, beibehalten, so wäre dies genau ebenso
gehandelt, als wenn die modernen Heere aus Pietät gegen
den großen Unbekannten, der die Feuerwaffen erfand, mit
Luntenflinten schießen wollten.

Das Fern= oder Hellsehen ist nach meiner Auffassung
der höchste Grad des dem Unbewußten (ob wir dieses hier
im Sinne Hartmanns oder du Prels nehmen, darauf kommt
es jetzt nicht an,) der beseelten Geschöpfe immanenten Ver=
mögens der Fernempfindung, welche im Parallelismus der
großen und kleinen Welt begründet ist.

Diese Stufe der Fernsinnigkeit ist diametral dem Instinkt
entgegengesetzt, bei welchem die Fernempfindung die bestim=
mende Triebkraft für eine organische Lebensthätigkeit mit
Lebenserscheinungen und Bewegungskräften ausgestatteter
Wesen in Thätigkeit setzt. Ich kann und will mich hier
nicht auf längere Auseinandersetzungen über den Instinkt
einlassen, sondern beziehe mich hinsichtlich des Beweises, daß
derselbe ein übersinnliches Wahrnehmungsvermögen bei den
Tieren ist u. a. auf eine meiner früheren Arbeiten.[1] Nur

---

[1] Vgl. Sphinx IV. 24. S. 421.

sei es mir gestattet, aus der Hochflut von Beobachtungen über Äußerungen des sogenannten Instinktes die zwei neuesten und merkwürdigsten Beobachtungen „exakter" Forscher anzuführen. In Meyers Konversationslexikon heißt es: [1])

Eine sehr merkwürdige Beobachtung hat J. Fallou an den Puppen der Bombyciden gemacht, nämlich: daß sich schon im Puppenzustand die geschlechtliche Differenzierung und Anziehungskraft geltend macht. Er beobachtete bei der Zucht des gewöhnlichen Seidenspinners (Bombyx mori), wie Männchen in großer Zahl geflogen kamen und sich auf eine Schachtel setzten, in welcher einige dem Ausschlüpfen nahe Individuen weiblichen Geschlechtes enthalten waren. In entsprechender Weise beobachtete Seebold, daß Kokons des großen Nachtpfauenauges (Saturnia Pyri), die er in einem Gewächshause aufbewahrte, eines Abends Männchen herbeizogen, die sich außen an die Glasfenster setzten und dort die ganze Nacht über ausharrten, obwohl erst am darauf folgenden Tag ein Weibchen auskroch."

Wir haben hier drei Erscheinungen des Fernempfindens beisammen, nämlich des Fernsehens, insofern die Männchen die weiblichen Kokons in der Ferne wahrnehmen; des Hellsehens, insofern sie dieselben in der Schachtel oder dem Gewächshause gewahren, und endlich der „Kopfuhr," insofern sie die Zeit des Ausschlüpfens gekommen sehen. [2]) Die unsinnige Annahme, als ob die Schmetterlinge mit Bewußtsein handelten, überhaupt damit empfänden, liegt mir natürlich völlig fern. Diese Vorgänge bleiben ebenso in der Sphäre des Unbewußten als die Wahrnehmungen der sogenannten Somnambulen, deren Tagesbewußtsein von ihrem unbewußt Geschauten und Gethanen nichts weiß. Ist eine äußersinnliche Erklärung dieses Vorganges schon so gut wie unmöglich, so ist eine solche bei folgender Äußerung des Instinktes meiner Meinung nach völlig ausgeschlossen. Es handelt sich um das massenhafte Auftreten des Palolowurmes (Lysidice viridis) in der Südsee an astronomisch scharf charakterisierten

---

[1]) 4. Auflage. Bd. 18. S. 836.

[2]) Die Jäger'sche Duftlehre allein erklärt dieses Problem nicht.

Tagen. Es heißt bei Meyer[1]) von diesem massenhaften Auftreten des Wurmes an den Küsten der Fidschi= und Samoainseln an ganz bestimmten Novembertagen:

„Das Merkwürdigste an ihnen ist das plötzliche Erscheinen des sonst in den Korallenriffen lebenden Tieres an der Oberfläche des Meeres, welches von den Eingeborenen nach astronomischen Kennzeichen berechnet wird. Es tritt mit dem Beginn des letzten Mondviertels im November ein und zwar kurz vor Sonnenaufgang, am ersten und dritten Tage nur spärlich, am zweiten aber nach Milliarden. Einen Monat früher, ebenfalls zur Zeit des letzten Mondviertels, erscheinen auch Palolos, aber nur in geringerer Menge. Churchward hat in seinem Buche „My consulate in Samoa" (London, 1888) den einem Volksfest gleichenden Hauptfang in der bevorzugten Nacht mit lebhaften Farben beschrieben. Von allen Inseln des Archipels kommen dann Männer und Frauen in ihren Kanoes schon am Abend an den bevorzugten Stellen zusammen, und es entwickelt sich ein Treiben, wie bei einem südlichen Nachtfest. Endlich gegen Anbruch der Morgendämmerung wird es still, und alles blickt in höchster Spannung auf den vom niedrigen Wasser bespülten, spaltenreichen Saum des Gestades. Plötzlich steigen wie auf ein gegebenes Zeichen die langen, in den verschiedensten Farben schillernden Würmer aus allen Rissen und Löchern rings umher an die Oberfläche, und bald ist der ganze Strand mit einer dicken, wimmelnden Schicht des Gewürmes bedeckt. Laut jauchzend und sich einander durch Zuruf ermunternd, greift alt und jung in das Gewimmel hinein, hascht, was sich haschen läßt, und füllt damit die bereit gehaltenen Töpfe. In der That haben sie auch keine Zeit zu verlieren, denn sobald die Sonne ihre ersten Strahlen über das Meer schickt, stürzen die Tiere, wie von einer dämonischen Macht herabgezogen, wieder in ihre Löcher und Spalten zurück, und binnen wenigen Minuten sind sie verschwunden."

Für diese Erscheinung giebt es keine in klimatischen oder meteorologischen Verhältnissen begründete Erklärung, weil das Klima der Samoainseln ein sehr gleichmäßiges ist, und der November, mit einer Mitteltemperatur von 28⁰ C. in das Ende der Regenzeit fallend, ein sehr monotones Wetter mit sich bringt. Die Würmer erscheinen genau in der Nacht nach dem letzten Viertel in solchen Unmengen; das letzte Mond=

---

[1]) A. a. O. S. 995.

viertel kann aber an jedem beliebigen Tage des November=
monats eintreten, ein Merkmal desselben außer der Elongation
des Mondes von der Sonne giebt es nicht. Der Wurm
muß also, weil er im November in Schaaren an die Ober=
fläche kommt, die Fernempfindung der Stellung der Erde
zur Sonne, und weil er das letzte Viertel des Mondes
bevorzugt, der Elongation des Mondes von der Sonne
haben. Wir finden also hier im niederen Tierleben durch
die Fernempfindung eine Behauptung der Astrologie bestätigt,
daß nämlich die Konstellationen der Gestirne nicht ohne
Einfluß auf das organische Leben sind.

Der Umstand, daß die Fernempfindung bei den Tieren,
deren Seelenleben ein unbewußtes ist, so außerordentlich
hoch entwickelt ist, erklärt sich dadurch, daß bei ihnen die
Einheit und der Zusammenhang mit der großen Welt nicht
durch die Reflexion gestört wird, und auch die feinsten durch
kosmische, tellure 2c. 2c. Vorgänge hervorgerufenen Verände=
rungen der Ströme des unbekannten Etwas, das wir Äther,
Akasa, Mysterium magnum u. s. w. nennen, empfunden
und richtig gedeutet werden. Ganz folgerichtig finden wir
auch bei den Völkern des Altertums, des Mittelalters und
den sogenannten Wilden, also bei Menschen, die so zu sagen,
traumverloren am Busen der Natur schlummern, die Fern=
empfindung in einem Grad entwickelt, für welchen uns heute
jeder Maßstab fehlt.

Die unklare, nebelhaft bebende und doch sichere Fern=
empfindung, welche im Tier den Instinkt erzeugt, ruft im
Menschen, wenn sie zu schwach ist, um von dem Unbewußten
seiner Psyche in ein Bild umgesetzt zu werden, die Ahnung
hervor. Wird die Fernempfindung während des natürlichen
Schlafes zum Bild umgesetzt, so entsteht der Wahrtraum;
findet dieser Vorgang während eines künstlich erzeugten
Schlafes, während dessen die Hirnthätigkeit so gut wie aus=
geschlossen ist und das Ganglienleben überwiegt, statt, so

treten die Erscheinungen des sogenannten Somnambulismus,
des Fern= und Hellsehens auf. Findet eine spontane
Umwandlung der Fernempfindung in ein Bild während des
Wachens statt, so haben wir das zweite Gesicht, die Vision,
die Telepathie; die bewußt gewollte Umsetzung absichtlich
erzeugter Fernempfindung in ein Bild ist die Seherschaft.
Zwischen dem Traum und der Seherschaft unstät schwankend
liegen die Künste der magischen Divination, insofern sie
geschaute Bilder erzeugen.

Der Parallelismus des Mikrokosmos mit dem Makro=
kosmos, mit welchem die Möglichkeit der Fernempfindung
steht und fällt, ist — was eben das oben über die ältesten
Völker Gesagte bestätigt — bereits in der ältesten indischen
Religionsphilosophie ausgesprochen; dieser Gedanke zieht sich
durch die Geheimlehren des Altertums bis in die Werke des
Paracelsus und seiner Anhänger und tritt uns im neuzeit=
lichen Monismus wiedergeboren entgegen. Um mit Para=
celsus und Jakob Böhme zu reden, sind dem Menschen die
siderischen Verhältnisse, die ganze Weltordnung eingeboren,
so daß in Wahrheit der Mikrokosmos die Signatur des
Makrokosmos in sich trägt, oder, wie die Brahmanen und die
Bibel sich ausdrücken: der Mensch ist die Stadt Brahmas
oder der Tempel des heiligen Geistes. Wenn aber der
Mensch der Inbegriff des kosmischen Lebens ist und in ihm
alle im Weltall vorhandenen Kräfte harmonisch verbunden
sind, so wird es begreiflich, daß alle kosmischen Zeiten,
Zahlen und Maße in seinem Unbewußten — wie in dem
des oben genannten Wurmes — abspiegeln; „daß die Natur=
gesetze in ihrer ungestörten Entwickelung von ihm wahrge=
nommen werden, daß er von dem ganzen Leben der Erde
von ihren geheimen Werkstätten Kunde erhält." [1]
In Folge dieses Verhältnisses entsteht, „eine geheime

---

[1] Schindler: Magisches Geistesleben. S. 141.

Verwandtschaft und besondere Beziehung der Qualitäten der
Außenwelt zu einzelnen Systemen und Organen, die ihren
vitalen Ausdruck in den Organen des Körpers reproducieren." [1]
Die unbewußte, uns nicht durch die fünf Tagessinne ver-
mittelte Wahrnehmung ist kein logisches Erkennen, sondern
ein unmittelbares Empfinden und Schauen.

Der Parallelismus des kosmischen und menschlichen
Lebens zeigt sich am auffallendsten in der Gabe der Zeitbestimmung Fernempfindender. Diese merkwürdige Gabe
wird erklärlich, wenn wir bedenken, daß unsere ganze Zeitbestimmung nur von den Eigenbewegungen der Erde und
des Mondes um die Sonne abhängig sind, und mithin
jeder Typus des Erdenlebens sich im Menschen abspiegeln
muß. Umgekehrt aber muß auch die Bewegung des einzelnen
organischen Individuums und ihr zeitliches Maß in dem
kosmischen Rhythmus und Typus aufgehen; ja jedes einzelne
Lebensmoment des einen Individuums muß ein Lebensmoment für jedes andere Individuum werden. So wird die
merkwürdige Zeitbestimmung der sogenannten Somnambulen,
sowohl wenn es sich um eine Zeitbestimmung des gegenwärtigen Augenblicks als auch um den zeitlichen Eintritt künftiger
Krankheitskrisen u. s. w. handelt, verständlich; jedoch ist dieser
Zeitsinn nicht von einem übersinnlichen Erkennen des Zeigers
auf der Uhr, sondern von der unmittelbaren Fernempfindung abhängig.

Den merkwürdigsten Ausdruck, welchen die Fernempfindung kosmischen Lebens in der Seherschaft gewinnt, sehen
wir bei der astronomischen Rechnung der Inder, Chinesen,
Ägypter und Chaldäer. Nach Jones, Colebrooke u. a. m.
beruht die Astronomie der Inder auf magischem Schauen,
da die Suriasiddharta (die durch die Sonne, das Tagesleben,
empfangene Beweisführung) auf die Brahmasiddharta (die

---

[1] Schindler: A. a. o. S. 143.

durch Brahma empfangene Beweisführung) hindeutet. Die Möglichkeit, die astronomischen Vorgänge mit Hülfe des Hellsehens zu berechnen, ist bei den Brahmanen eine Glaubenssache, und in der That haben neuzeitliche Astronomen altindische, auf Hellsehen basierende Rechnungsmethoden auf sehr entfernte Finsternisse angewendet und nur geringe Abweichungen von den Resultaten gefunden, welche die Rechnung nach den modernen Tafeln ergiebt.

Aber auch auf eine höhere, mystische Weise stehen die indischen Seher mit der Sonne und dem Monde in Verkehr, indem diese sie als ihre Gottheiten zu sich hinauf ziehen oder sich zu ihnen herablassen. Demzufolge sprechen die Inder von einer Ekstase der Sonnen= und Mondkinder, bei welcher nach Windischmann,

„Die Sinne in den Manas (den Allinn) zusammengehen, und der Seher sieht nichts mit den Augen, hört nichts mit den Ohren, fühlt nichts und schmeckt nichts, aber innerhalb der Stadt des Brahma sind die fünf Pranas leuchtend und wach, und der Seher erreicht sich selbst im Lichte bei den verschlossenen Pforten des Leibes. Da sieht er dann, was er im Wachen sah und that, er sieht Geschehenes und nicht Geschehenes, Gewußtes und Nichtgewußtes, und weil Atma (der Geist) Urheber aller Handlungen selbst ist, so verrichtet er im Schlafe gleichfalls alle Handlungen und nimmt auch die ursprüngliche Gestalt des Lichtes wieder an, und er wird wie Brahma selbst leuchtend. Der innerlich versammelte Geist kleidet sich in die Hüllen der Himmelslichter und aller Elemente, spricht aus dem Seher, als ob die Stimmen von außen kämen, ja die Stimmen offenbaren sich dem Seher aus Sonne, Mond und Sternen, aus Pflanzen und Thieren und selbst aus dem starren Gestein."

Um dahin zu gelangen, müssen die Sinne verschlossen sein, und auch innerlich im Leib muß Manas in die Pfortader eintreten und der Galle den Ausfluß verschließen, „denn Manas bindet in dieser Zeit jene Ader, welche der Weg der Begierden ist (weil der Sitz der Leidenschaften im Blute), und der Schlafende sieht dann keinen Traum mehr, sondern wird lichtartig, er schaut die Dinge an, wie sie sind, wirkt vernünftig und vollbringt Alles" — Aus dieser An=

schauungsweise ergiebt sich die asketisch-mystische Trainirung der indischen Seher, worauf ich zurückkommen werde.

Manus Gesetzbuch, die älteste religiöse Urkunde der Menschheit unterscheidet gleich den Mesmeristen drei psychische Zustände: das Wachen, den Traumschlaf und den (magnetischen) Wonneschlaf.

Das Wachen (Jagrata) in der äußern, sinnlichen Welt ist kein wahres Erkennen; Unwissenheit und Bethörung walten wegen der Versunkenheit des Menschen in den Außendingen und wegen der Begierde nach deren Besitz vor. Daher stammt die Habsucht, die Anhänglichkeit an das Vergängliche und Handgreifliche, das schamlose Streben nach falschen Gütern, das Gemisch von Gutem und Bösem, Hohem und Niederem, von Tier und Mensch, von Laster und Tugend.

Im Traumschlaf Swapna herrscht noch der Sonnendienst in Bildern; die Seele schwebt noch im Dämmerlicht in Affekt und Bewegung zwischen Freude und Leid, Liebe und Haß, zwischen Kühnheit und Furcht vor Gefahren.

Der Wonneschlaf Suschupti öffnet erst das wahre Licht der Erkenntniß, und das rechte Wachen ist ein Schauen eines dem gemeinen Auge unsichtbaren unzugänglichen Lichtes, Hier ist erst das innere Auge aufgeschlossen, und das Sehen ist nicht mehr das sinnliche, dem Zufall und der Natursonne preisgegeben und verwirrbar, sondern es ist ein klares Hellsehen, ein Durchschauen des magischen Kreises von der Peripherie bis zum Centrum. Dieser Wonneschlaf hat verschiedene Grade ies inneren Wachens, in welchem die Seher in tiefen Schlaf versenkt, wie im Traumschlaf der irdischen Welt entrückt sind. Ohnmacht und Ruhe und halbaufgeschlossener innerer Sinn herrscht auch im Traumschlaf, und alle Menschen fallen täglich in ihn; aber daraus zurückgekehrt, wissen die Wenigsten etwas davon, und sie fallen beim Erwachen in die äußere Welt wieder der Unwissenheit anheim.

Wie wir sehen, schildert Manus Gesetz in mystischer
Sprache die Unterschiede zwischen natürlichen und magneti-
schen Schlaf so charakteristisch, daß es der beste neuzeitliche
Psychologe nicht charakteristischer thun könnte.

Die Religionsphilosophie der Chaldäer und Ägypter
ist gleich der der Inder aus dem Hellsehen hervor gegangen,
und wenn wir bedenken, daß die Theologie der erstgenannten
beiden Völker mit der Astronomie zusammenfällt, daß die
Magier der Chaldäer und die Priester der Ägypter in alle
Geheimnisse der Erzeugung von magischen Ekstasen eingeweiht
waren, so kann es uns nicht Wunder nehmen, wenn wir
bei diesen Völkern eine so große Summe astronomischen
Wissens finden, welche durch Beobachtungen des Sternen-
himmels ohne Instrumente nicht erlangt werden konnte und
auf gleiche Weise wie die indische Astronomie ins menschliche
Bewußtsein gekommen sein muß. Einen unwiderleglichen
Beweis dafür giebt der von Nebukadnezar restaurierte astro-
nomische Turm zu Borsippa, der babylonische Turm der
Bibel.

In demselben weilte aber auch außerdem noch die älteste
der Geschichte bekannte Hellseherin, von welcher Herodot
berichtet: [1]

„Im obersten Thurm (das ganze Gebäude bestand bekanntlich aus
sieben den Planeten geheiligten Stockwerken) ist ein geräumiger Tempel;
in demselben befindet sich eine große, wohlgebettete Lagerstätte und da-
neben steht ein goldener Tisch; ein Götterbild ist aber dort nicht aufge-
richtet, auch verweilt kein Mensch darin des Nachts außer einem Weibe,
eine von den eingeborenen, welche der Gott sich aus allen erwählt hat,
wie die Chaldäer versichern, welche Priester dieses Gottes sind.“

„Eben dieselben behaupten auch, wovon sie mich jedoch nicht überzeugt haben, daß der Gott selbst in den Tempel komme und auf dem
Lager ruhe, gerade wie in dem aegyptischen Theben auf dieselbe Weise
nach Angabe der Aegypter: denn auch dort schläft im Tempel des theba-
nischen Zeus ein Weib. Diese beide pflegen, wie man sagt, mit keinem

---

[1] I. 181.

Mann Umgang; ebenso auch verhält es sich in dem lycischen Patara mit der Priesterin des Gottes zur Zeit der Orakelertheilung, denn es findet dieselbe nicht immer daselbst statt; wenn sie aber stattfindet, so wird sie dann die Nächte hindurch mit dem Gotte in den Tempel eingeschlossen." —

Den letzten Passus fasse ich dahin auf, das die autosomnambule Seherin zu Patara für gewöhnlich, außerhalb des Tempels lebte und nur zur Zeit der Krisen, wenn der Gott sie begeisterte, dort eingeschlossen wurde.

Nach Lenormant[1]) war der Eingang zur obersten Capelle des Turmes von Borsippa dem Gotte Nebo („Prophet") geweiht und hieß bab assaput, „Thor des Orakels." Ein ähnliches Orakelgemach, bit assaput, bestand nach inschriftlichen Angaben noch in der Pyramide des königlichen Stadtviertels zu Babylon, doch ist aus den Urquellen nicht ersichtlich, ob hier die Orakel in derselben Weise wie im Turme zu Borsippa erteilt wurden. Man weiß nur, daß dieses Orakelgemach als Grabkammer des Bel-Maruduk betrachtet wurde, was allerdings wahrscheinlich macht, daß hier eine Art Inkubation statt fand, insofern im Altertum Grabkammern sehr häufig zu derartigem Zweck benutzt wurden.

Es wird vielleicht für die Leser von Interesse sein, zu erfahren, daß die Gebetsformel, welche die Inkubationsgebräuche im Grabgemach des Bel-Maruduck in der Pyramide Esaggal zu Babylon einleitete, zum Teil erhalten ist und folgendermaßen lautet:
„Gewähre mir den Eintritt, daß mir ein Glückstraum[2]) zu Theil werde!
Der Traum, den ich träumen werde, daß er günstig sei!
Der Traum, den ich träumen werde, daß er wahrhaft sei!
Der Traum den ich träumen werde, laß ihn ausfallen zu meinen Gunsten!
Makhir, der Traumgott, möge walten über meinem Haupt!

---

[1]) Lenormant: Die Geheimwissenschaften Asiens. Jena 1878. cap. VIII.

[2]) Es bedarf wohl keiner Erwähnung, daß bei der Inkubation neben dem natürlichen Schlaf auch der magnetische stattfand.

Gewähre mir den Eintritt in den E-saggal, in das Götterschloß, den
Wohnsitz des Herrn!
Auf daß ich mich nähere Marubuk, dem Erbarmer, dem Glückspender,
und den gesegneten Händen seiner Allmacht.
Möge ich rühmen können deine Größe, lobpreisen deine Gottheit.
Mögen die Bewohner deiner Stadt rühmen können deine Werke."

Bekannt ist, daß die persischen Priester, die Magier,
durch Händeauflegen, durch Worte, Licht und Schall heilten,
und daß sie wie die Könige nach dem herrschenden Glauben
von dem Lichtquell Ahuramasda erleuchtet wurden,[1] d. h.
das magnetische Schauen kultivierten.

In Ägypten war die Astronomie wie die Medicin
mit dem Tempelkult verbunden, und die Inkubation wurde
ebenso gepflegt wie bei den Chaldäern. Die hauptsächlichsten
Heilgötter waren die Isis und der Serapis, deren Haupt-
orakel sich in den Tempeln zu Memphis und Busiris, zu
Canopus, Alexandria und Theben befanden. Minder bedeutend sind Osiris, Apis und Phtha.

Isis besonders freute sich nach dem Glauben der Ägypter, den kranken Menschen zur Gesundheit zu helfen, weshalb sie Erscheinungen im Traum und mit diesen die Heilmittel gab. Über die in den Isistempeln vor sich gehenden
Heilungen schreibt Diodor von Sizilien:[2]

Die Aegypter versichern, daß Isis ihnen in der Arzneikunst große
Dienste geleistet habe durch heilsame Mittel, welche sie entdeckte; daß sie
jetzt, wo sie unsterblich geworden, an dem Gottesdienst der Menschen ein
besonderes Wohlgefallen habe und sich vorzüglich um ihre Gesundheit
bekümmere; daß sie ihnen durch Träume zu Hülfe komme, womit sie
ihr ganzes Wohlwollen offenbare. Die Probe ist darüber festgesetzt, nicht
durch Fabeln wie bei den Griechen, sondern durch gewisse Thatsachen.
In der That, alle Völker der Erde geben Zeugniß von der Macht dieser
Göttin in Bezug der Heilung von Krankheiten durch ihre Verehrung
und Dankbarkeit. Sie zeigt in den Träumen denjenigen, die leidend
sind, die für die Krankheiten geeigneten Mittel an, und die treue Er-

---

[1] Zendavesta, Bd. I. Th. 1. S. 39.
[2] Bibl. hist. Lib. I.

füllung ihrer Verordnungen hat gegen die Erwartung aller Welt Kranke gerettet, welche von den Aerzten aufgegeben waren."

Die Behandlungsart der Krankheiten bestand in Baden, Salben, Einreiben, Räucherungen ꝛc, während die Kranken in den Tempeln durch Fasten und besondere Kleidung zum magnetischen Schlaf vorbereitet wurden, in welchen ihr Heilinstinkt frei waltete. Im Schlaf wurden sie von den Priestern beobachtet, welche ihnen nach dem Erwachen Mitteilung von dem machten, was sie hellsehend (nach ägytischer Auffassung durch die Gottheit) über den Verlauf der Krankheit und die anzuwendenden Heilmittel ausgesagt hatten. Daraus war dann der sehr nahe liegende Irrtum entstanden, als ob die Priester allein weissagten.

Über die Serapistempel sagt Strabo:[1])

„In seinen Tempeln ist eine große Gottesverehrung, wo viele medicinische Wunder geschehen, an welche die berühmtesten Männer glauben und für sich und Andere den Tempelschlaf pflegen. —"

In dem berühmten Serapistempel zu Alexandria, wo, wie in allen Tempeln, die Votivtafeln Geheilter hingen, fand auch die Heilung des Blinden und Lahmen durch Vespasian statt, welche ich in der „Vorgeschichte des Mesmerismus" mitteilte.

Die Prophetie der Juden ist nichts als magnetisches Hellsehen im Dienste des Jehovakultus, denn die anthropologischen Grundzüge des jüdischen Prophetentums sind identisch mit denen der Seherschaft aller anderen Bekenntnisse, nur ist die religiöse Grundlage, welcher das Hellsehen entstammt, eine verschiedene. Infolge der in magnetischen Zuständen allgemein auftretenden Erhöhung der seelischen Thätigkeiten begegnen wir bei den Propheten dem gleichen sittlichen Pathos wie bei den übrigen Sehern und Somnambulen, wir begegnen dem gleichen überschwänglichen Bilderreichtum der Sprache und des Schauens und der gleichen unsicher tastenden Zeitbestimmung, wobei wir ausdrücklich hervorheben, daß die

---

[1]) Geographica, XVII. 801.

Ekstase des sittlich ernsteren Charakters die erhabenere
sein wird.

An das Eingehen eines extramundanen Gottes in die
Leiber der Propheten glaubt Niemand mehr, der das magische
Seelenleben kennt, und auch die Annahme ist gänzlich falsch,
daß der Prophet, ohne äußere Mittel anzuwenden, durch un=
vermittelten göttlichen Ruf in Ekstase falle. Ist das Leben
in der Einsamkeit und die Askese der Propheten nicht ein
künstliches Mittel und völlig identisch mit der gleichen Me=
thode der indischen Yogis und der Mystiker aller Zeiten?
Waren die Prophetenschulen zu Gilgal, Jericho und Bethel
nicht Anstalten, in welchen die Ekstatiker künstlich ausgebildet
wurden? Und war die prophetische Ekstase, wie wir aus der
Geschichte Sauls sehen, nicht ansteckend wie die magischen
Ekstasen aller Zeiten? In dem in der Bibel unzählige
Mal erwähnten Auflegen der Hände, wodurch die Gabe des
Heilens und der Prophetie mitgeteilt wurde, haben wir endlich
den schlagenden Beweis, daß die Propheten die magnetische
Manipulation ausübten. Ja diese Methode war so bekannt,
daß die Bibel, wenn sie von dem Eintreten einer auto=
somnambulen Krise bei den Propheten spricht, sich dahin
ausdrückt, daß die Hand des Herrn über ihn kam.[1]

„Da geschah des Herrn Wort zu Hesekiel, dem Sohne Busi, des
Priesters, im Lande der Chaldäer, am Wasser Chebar; daselbst kam die
Hand des Herrn über ihn. Und ich sahe, und siehe, es kam ein unge=
stümer Wind von Mitternacht her mit einer großen Wolke voll Feuer,
daß allenthalben umher glänzte; und mitten in demselben Feuer war
es wie lichthelle.“ 2c.

Hesekiel hat also wie alle Seher Lichterscheinungen und
auch in seine Visionen mischt sich aus dem Tagesleben
Herübergenommenes, denn in seinen geflügelten Tieren sind
unschwer die babylonischen Flügeltiere wieder zu erkennen.

─────────

[1] Hesekiel 1, 3 u. 4.

Die „Hand des Herrn" ruft magnetisches Schlafreden hervor und erzeugt Hellsehen:[1])

„Und die Hand des Herrn war über mir des Abends, ehe der Entronnene kam und that mir meinen Mund auf, bis er zu mir kam des Morgens und that mir meinen Mund auf, also; daß ich nicht mehr schweigen konnte." (Wie allbekannt, fühlen alle Seher und magnetische Schlafer einen unbezwinglichen Drang zur Mitteilung.) „Im fünfundzwanzigsten Jahre unseres Gefängnisses, im Anfang des Jahres, am zehnten Tag des Monats, das ist das vierzehnte Jahr, nachdem die Stadt geschlagen war, eben an demselbigen Tage kam des Herren Hand über mich und führete mich daselbst hin, durch göttliche Gesichte, nämlich ins Land Israel, und stellte mich auf einen sehr hohen Berg, darauf war es wie eine gebaute Stadt von Mittag her u. s. w.[2])

(Bekanntlich haben die Seher von Hesekiel und dem visionären Verfasser der Apokalypse an bis in unsere Tage sehr viel mit allerlei wunderbaren Städten in ihren Gesichten zu thun.)

Aber auch der Musik als eines anregenden Mittels bedienten sich die Propheten, denn da Elisa Josaphat prophezeien soll, verlangt er einen Spielmann, während dessen Spieles die Hand des Herrn über ihn kommt.[3])

Ich glaube, daß diese Proben genügen werden, um das Prophetentum als einen magnetischen Zustand zu charakterisieren.

Über die bei den griechischen Orakeln vorkommenden magnetischen Zustände hat Freiherr Dr. du Prel eine ausführliche Zusammenstellung gemacht,[4]) weshalb ich dieselben hier übergehen kann. Doch sei es mir gestattet, mich hier nach Sprengel[5]) und Ennemoser[6]) etwas eingehender über

---

[1]) Hesekiel 33, 32.
[2]) Hesekiel 40. I—2.
[3]) 2. Könige, 3. 15.
[4]) Die Orakel. München 1887.
[5]) Geschichte der Medicin, Bd. 1.
[6]) Geschichte der Magie.

die in den Aeskulaptempeln üblichen heilmagnetischen Ge=
bräuche aussprechen zu dürfen.

Die Kranken, welche den Tempelschlaf ausüben wollten,
mußten feierlichst die genaueste Befolgung aller Vorschriften
geloben, anderenfalls sie für unwürdig erklärt und nach ihrer
Heimat entlassen wurden. Bei ihrer Ankunft in den Aeskulap=
tempeln mußten sich die Kranken der strengsten asketisch=
vegetarischen Lebensweise unterwerfen, mehrere Tage fasten
und sich des Weines völlig enthalten. Darauf wurden sie
von den Priestern in den Vorhallen umhergeführt, wobei
erstere ihnen die heiligen Symbole — soweit zulässig —
erklärten, ihnen die Votivtafeln geheilter Kranken zeigten
und die Wunderheilungen Gottes berichteten. Alsdann sprach
oder sang der Priester heilige Hymnen, *νόμους*, welche
die Kranken nachsprachen, worauf Tiere — meist Widder
und Geflügel — geopfert wurden. Dabei mußten die Kranken
fleißig Bäder nehmen und Wasser aus der heiligen Quelle
trinken. Dieses Wasser zeigt auffallender Weise Eigenschaften
des magnetisierten Wassers, insofern es die Krankheiten heilt,
Hellsehen erzeugt und Widerwillen gegen anderes Wasser
hervorruft, ja dieses sogar schädlich macht. So schreibt der
griechische Rhetor Aelius Aristides, welcher die Inkubation
im Aeskulaptempel zu Pergamus vollzog, folgendes:[1]

"Selbst der Stumme erhält seine Sprache wieder, wenn er daraus
(aus der heiligen Quelle) trinkt, wie auch diejenigen, welche die heiligen
Wasser trinken, zu weissagen pflegen. Sogar das Schöpfen des Wassers
dient statt aller andern Heilmittel, und bei Gesunden wirkt das Wasser,
daß ihnen kein anderes mehr bekommt.

Mit den Bädern waren Reibungen und andere Manipulationen verbunden; auch fanden Salben vielfache An=
wendung, in Pergamus hatte man sogar ein besonderes
Friktionsinstrument, Xystra, mit welchem die Kranken nach
dem Bad von besonders dazu angestellten Leuten vorsichtig

---

[1] Aelii Aristidis oratoris clarissimi orationes, Olivae 1604, 4°

gerieben wurden. Diese Operationen wurden je nach dem Stand der Krankheit auf den Rat der Priester vor oder nach dem Eintritt der Kranken in die inneren Tempelräume vorgenommen.

Fernerhin wurden die Kranken, bevor sie zum Orakel zugelassen wurden, beräuchert, mit den Händen berührt, gestrichen und gerieben. Waren nun nach diesen Vorbereitungen die Kranken zum Schlaf tauglich befunden worden, so wurden, sie entweder in den allgemeinen Schlafsaal geführt, wo sie sich auf das Fell ihres Opfertieres niederlegten oder sie hielten die Inkubation in besonderen Gemächern auf Prachtbetten ab. (Hochsensitive.)

Recht charakteristisch schildert Virgil die Inkubation im — allerdings italischen (die Sache bleibt dieselbe) — Faunusorakel,[1] wo die Stimme des Faunus dem schlafenden König Latinus den Rat giebt, seine Tochter dem Aeneas zu vermählen:

„Aber der König erschrak ob der Schau, und zu Faunus' Orakel
Geht er und forscht in den Hainen des schicksalredenden Vaters,
An der Albunea Schlund, die, groß vor den Nymphen der Wälder,
Rauscht mit heiligem Quell und dumpf mephitischen Duft haucht;
Wo der Italer Stämm' und rings die önotrischen Lande,
Wankend in Not, Antwort erspähn. Wann Gaben der Priester
Dartrug, und in der Stille der Nacht auf geopferter Schafe
Ausgebreitete Vließ' hinsank und pflegte des Schlummers,
Sieht er schweben umher viel seltsame Wundererscheinung,
Und er vernimmt vielfaches Getön und hält mit den Göttern
Hehres Gespräch und redet zum Acheron tief im Avernus.
Hier nun forscht' Antworten er selbst, der Vater Latinus;
Hundert weiht' er der Schafe nach Fug, rechtalterig und fehllos,
Und auf der dunsenden Schicht der gebreiteten Flausche gelagert,
Ruhet er. Plötzlich erscholl aus dem innersten Haine der Ausruf:
Suche nicht für die Tochter latinischer Ehen Vereinung,
Sprößling meines Geschlechts, noch traue bereiteten Kammern!
Auswärts nah'n Eidame daher, die zum Himmel durch Abstamm

---

[1] Aeneis. Gesang VII, V. 81—103.

Unſern Namen erhöh'n, und wovon aufblühende Enkel
Alles ſich unter dem Fuß, ſoweit Sol ſteigend und ſinkend
Schaut des Oceanus Enden, beherrſcht einſt ſehn und geordnet!
Dieſen Beſcheid, den Faunus, der göttliche Vater, ihm warnend
Gab in ſchweigender Nacht, verhehlt nicht ſelber Latinus;
Sondern ihn trug ringher die auſoniſchen Städte hindurch ſchon
Fliegend der Ruf."

In folgendem gebe ich einen Auszug aus dem oben
genannten Werk des Ariſtides, in welchem er ſeine Erlebniſſe
während der Inkubation mitteilt. Der fremdartige Charakter
der Erzählungen war Urſache, daß Ariſtides von den Philo=
logen, welche die magnetiſchen Erſcheinungen nicht kannten,
für einen unzuverläſſigen Berichterſtatter, für eine Art antiker
Münchhauſen gehalten wurde, doch ſprechen ſeine Berichte für
ſich ſelbſt. Er ſagt:[1])

„Ich erzähle das Leiden meines Unterleibes und die Behandlung,
welche ich Tag für Tag erfuhr. Es war im Monat Dezember,
als ich jede Nacht grauſame Magenſchmerzen hatte und nichts verdauen
konnte. Ich ſchlief nicht und fror beſtändig, ſodaß heiße Steine mich
nicht erwärmen konnten, und doch lag ich dabei in ſtetem Schweiß,
welcher nur nachließ, wenn ich badete. Am 12. dieſes Monats ver=
ordnete mir der Gott, daß ich mich des Bades enthalten ſollte. Dasſelbe
Verbot erhielt ich am folgenden und nächſtfolgenden Tag. In dieſen
drei Tagen hörte der Schweiß auf, ich befand mich beſſer und ging im
Hauſe umher. Darauf hatte ich einen Traum, worin es mir ſchien,
als wäre ich in den Thermen, und als ich mich vorwärts bewegte, ſah
ich, daß mein Unterleib krank war. Abends nahm ich ein Bad und
hatte bei Tagesanbruch Magenſchmerzen, welche ſich bis in die rechte
Weiche zogen. Am 17. verbot mir ein Traum das Bad. Am folgenden
Tag war es mir in einem andern Traum, als würde ich von Barbaren
gefangen genommen, deren einer mir den Finger auf die Gurgel hielt,
denn ich bemerkte, daß ich Halsſchmerzen hatte und nicht trinken konnte,
wenn ich durſtig war. (Der örtliche Schmerz erzeugte alſo ein ihm
entſprechendes Traumbild; ſoweit war alſo an dem Traume nichts Auf=
fallendes, nun aber tritt das magnetiſche Element in demſelben auf.)
Er (der Barbar oder der Traum?) zeigte mir, daß ich ein Brechmittel
nehmen und das Bad ausſetzen müßte, und ich gehorchte mit dem beſten

---

[1]) Rede zu Ehren Äskulaps.

Erfolge." (Der Heilinstinkt der Somnambulen hatte sich also geltend gemacht.)

Ein anderes Mal träumte Aristides, daß ihn im Tempel des Äskulap ein Stier[1]) auf das rechte Knie stoße, worauf eine pflaumengroße Geschwulst entstand und die Leiden seines oberen Körpers gelindert wurden. — Eine Reihe nun folgender Träume zeigte dem Aristides die zu beobachtende Diät und die anzuwenden Mittel. Auch wurde er, als er nach Pergamus gehen wollte, durch einen Traum gewarnt; er unterließ die Reise und ein fürchterlicher Sturm trat ein. Ein anderes Mal träumte Aristides, Äskulap schicke ihm den Arzt Theodotos, welcher ihm einen Aderlaß verordne. Genau zu der im Traum bestimmten Zeit erschien Theodot und befahl, daß man Aristides zur Ader lasse.

In der zweiten Abhandlung seiner Rede zu Ehren der Asklepiaden schildert Aristides sehr gut den Eintritt des magnetischen Schlafes, innerhalb dessen auch eine Übertragung der Gedanken resp. Traumbilder stattfand. Er sagt:

„Ich glaubte gewissermaßen die Ankunft und Gegenwart des Gottes zu fühlen, ich war zwischen Schlaf und Wachen, und that alles, um nicht zu vergessen. Meine Ohren waren gespannt, und es war, als träumte ich halb und wäre halb wach. Thränen der Freude flossen, und mein Geist hatte eine ungewöhnliche Heiterkeit, welche niemand begreifen kann. (Der magnetische Wonneschlaf.) Ich ließ den Arzt Theodotos kommen, welcher sich über meine Träume sehr wunderte, aber nicht wußte, was er zu thun habe. Deshalb schickte ich zu dem Tempeldiener des Aeskulap, welchem ich gewöhnlich meine Träume mitteilte.

---

[1]) Die Erscheinung, daß sich bevorstehende Gefahren und Krankheiten in den Bildern wütender oder häßlicher Tiere, z. B. Stiere, Elephanten, Hunde, Katzen, Kröten u. s. w. symbolisieren, zieht sich durch die ganze Geschichte der Traumdeutung. Ich selbst träume in derartigen Fällen von Stieren und Elephanten. — Eine mir befreundete Dame träumte vor einigen Jahren, eine riesige schwarze Kröte hüpfe ihr auf den Schoß und umklammere sie. Einige Tage darauf wurde sie von einer Unterleibsentzündung befallen, die sie an den Rand des Grabes brachte.

Kaum hatte ich mit meiner Erzählung angefangen, so sagte er, er habe eben einen Genossen verlassen mit Namen Philadelphos, welcher die Nacht diesen Traum gleichfalls geträumt habe. Nun stimmten beide Träume vollkommen überein."

Wir haben also hier das Phänomen des Doppeltraumes, wie derselbe in der Neuzeit — wahrscheinlich in Fällen von Autosomnambulismus — häufig beobachtet wurde.[1] — In derselben Abhandlung teilt Aristides noch einige Fälle von Fernsehen mit, welche zu charakteristisch sind, um sie zu übergehen:

„Der Gott hielt uns dann von Phocis zurück und entdeckte uns verwundernswerthe Dinge von der Art, daß Rufus, unser Wirt, welcher unsere Träume verstand, sehr überrascht war, von uns in seinem Hause zu vernehmen, was außerhalb desselben vorging, und von dem er selbst Zeuge war. Wir zeigten ihm sogar das Wetter im Voraus an. Der Gott verordnete mir Milch, aber es gab keine. Der Gott bestand aber darauf, indem er versicherte, daß Rufus Milch auftreiben werde. Dadurch angetrieben, ging dieser in eine Meierei und fand, daß ein Schaf in eben der Nacht ein junges geworfen habe. Er kam zurück und brachte mir die Milch." — „Der Gott befahl mir, zu Schiff zu gehen, indem er hinzusetzte, daß ich bei meiner Zurückkunft ein Pferd werde baden sehen, und daß der Tempeldiener am Ufer sein werde. Wie war ich erstaunt, alles gerade so zu treffen!" — „Zu Elea befahl mir der Gott, ein Seebad zu nehmen, mit der Versicherung, daß ich beim Eingang in den Hafen ein Schiff treffen werde, welches den Namen des Aeskulap führe. Ich solle mich auf dasselbe begeben, wo ich von den Matrosen Worte vernehmen werde, die zu den Ereignissen des Tages stimmen würden. Ich traf es also, und die Matrosen sangen dem Aeskulap ein Loblied."

Bemerkt werde noch, daß Aristides während seiner Krankheit mehrere Abhandlungen ausarbeitete, wozu er im Traum den Auftrag von Äskulap erhalten hatte. Er sagt, daß er nie mit einer solchen Leichtigkeit arbeitete, als gerade zu dieser Zeit, denn nach seinen eigenen Worten war sein Geist durch die Gottheit in einem erhöhten Zustand." Auch

---

[1] Man vergleiche namentlich die in Horst's Deuteroskopie mitgeteilten Fälle.

Apollo erschien im Traum und verlangte einen Lobgesang von Aristides. Dieser hatte sich jedoch noch nicht in der Dichtkunst versucht und hielt sich für zu ungeschickt; allein Apollo selbst diktierte ihm den Anfang mit folgenden Worten:

„Gott derjenigen, welche die Leier anstimmen, dich besing' ich."

Auch Äskulap erschien dem Aristides im Traum und verlangte von ihm, daß er Verse mache, welche alsdann die Musiker des Tempels sangen.

Wir begegnen hier der Erhöhung der geistigen Fähig=keiten im magnetischen Schlaf, in welchen der tiefste natürliche Schlaf zuweilen umschlägt.[1]) Derartige Beispiele sind in der Geschichte nicht gerade selten. So vollendeten z. B. Leonardo da Vinzi, Guido Reni und Dannecker ihre Kunstwerke erst dann, als sie im Traum geschaut hatten, was ihnen am Tag unfaßbar vorschwebte. Cardanus vollendete eines seiner Werke im Traum und Voltaire träumte einmal einen Ge=sang seiner Henriade anders, als er ihn gedichtet hatte. Crebillon und Mabillon schrieben in Anfällen von Som=nambulismus bedeutende Werke; Tartini komponierte seine Teufelssonate, an welcher er seit Wochen vergebens gearbeitet hatte, im somnambulen Zustand; ein Herr von Seckendorf machte im Traum ein langes Gedicht, dessen erster Vers lautet:

„Holde, süße Phantasei,
Immer wirksam, immer neu,
Dank sei deinen Zauberbildern,
Die mein hartes Schicksal mildern,
Dank dir, daß mir deine Kraft
Freude noch zum Leben schafft."[2])

---

[1]) Das Träumen im Traum ist das Schauen während des mag=netischen, in den natürlichen eingeschachtelten, Schlafes, das Erwachen im Traum der Übergang aus dem magnetischen in den natürlichen Schlaf. In diesem entwickelt sich nämlich ein magnetischer, der dann wieder in den natürlichen Schlaf übergeht.

[2]) Schindler: Magisches Geistesleben, S. 25.

Ich selbst bin im Tagesleben ein durch und durch un=
poetisch angelegter Mensch, mache aber im Traum die
schönsten Gedichte; nur habe ich sie beim Erwachen am
Morgen total vergessen, nachdem ich sie mir nachts bei dem
ersten Erwachen aus dem Schlafe fest eingeprägt hatte; ich
weiß nur noch, daß ich im Schlaf gedichtet habe. Ebenso
lese ich im Schlaf auch lange Stellen in mir unbekannten
Büchern und es ist mir beim wirklichen Lesen schon oft be=
gegnet, daß mich die Erinnerung wie ein Blitz durchzuckte:
Das haft Du ja schon geträumt! Manche Leser werden
vielleicht schon die Beobachtung gemacht haben, daß sie beim
Erleben irgend eines — manchmal recht unbedeutenden —
Vorfalles den unwiderstehlichen Eindruck erhalten, den gegen=
wärtigen Moment schon einmal erlebt zu haben. Dieses
Gefühl ist auf ein Schauen im Traum zurückzuführen, wie
ich an mir schon vielfach beobachtet habe. Diese Erfahrung
des scheinbar schon Erlebten ist häufiger als man glaubt
und wird in hiesiger Gegend im Volksglauben dem Umstande
zugeschrieben, daß man das gegenwärtige Leben schon einmal
ganz genau so erlebt habe.[1]

Bereits Paracelsus kannte das Schauen im Traum
und das unliebsame Vergessen des in diesem Zustand Ge=
schauten:

„Also sind auch allen Künstlern im Schlaf und Traum viel Be=
lehrungen über Künste vorgekommen und eröffnet worden. Da hat ihre
Imagination Wunder über Wunder ausgerichtet und eines jeglichen
Philosophi Evestrum im Schlafe an sich gezogen, welches sie dann diese
seine Kunst lehrte. Dieses geschieht noch viel, und es wird der meiste
Teil wieder vergessen; wie denn oft des Morgens beim Aufstehen einer
saget: Ich habe heute Nacht einen wunderlichen Traum geträumt, wie
mir Mercurius oder der und jener Philosophus erschienen ist und hat
mich diese und jene Kunst gelehrt; sie ist mir aber wieder entfallen, ich
habe sie vergessen. Wem nun also geschiehet, der soll nach dem Auf=

---

[1] Diese so häufig vorkommende Erscheinung gab vielleicht Anlaß
zum Glauben an die Reincarnation.

stehen nicht aus seiner Kammer gehen, mit niemand reden, allein und
nüchtern bleiben, bis er sich seines Traumes wieder entsinnet."

Das heißt: bis er in einen Mittelzustand zwischen
Tageswachen und magnetischem Erwachen gekommen ist, in
welchem die Erinnerungsbrücke geschlagen werden kann. —
Es sei mir gestattet, hier eine Stelle aus meinem Tagebuche
einzuschalten:

„In der Nacht vom 21. auf den 22. Februar 1884 hatte ich einen
Traum, welcher als eine. Art Seitenstück zu dem Traume.Tartinis gelten
darf. Am Tage hatte ich mich, nachdem ich am Vormittag einige astro-
nomische Berechnungen gemacht hatte, mit Versetzen von Blumenstöcken
beschäftigt und abends Zeitungen gelesen. Ich war also nicht im mindesten erregt oder mit übersinnlichen Gegenständen beschäftigt gewesen.
Ich träumte nun, daß ich in einer Versammlung sei, in welche plötzlich
ein großer, hagerer, schwarz gekleideter Mann eintrat, mit scharf mar-
kiertem, glatt rasiertem Gesicht, der Teufel. Derselbe hielt einen Vortrag
über gesellschaftliche Schwächen und Untugenden, über geistige Indifferenz,
Pharisäertum und die geringe Logik der Frauen in so geistvoller, fein-
pointierter Ironie, daß ich überzeugt bin, derselbe hätte das größte
Aufsehen gemacht, wenn ich ihn niedergeschrieben und zum Druck befördert
hätte. Trotzdem ich den Vortrag beim ersten Erwachen aus dem Schlafe
behalten hatte, war er mir nach wiederholtem Einschlafen und Erwachen
entfallen."

So schrieb ich vor über neun Jahren. Heute allerdings
weiß ich, daß vieles, was uns in somnambulen Zuständen
erhaben und bewundernswert erscheint, sich im Tagesbewußtsein
als dummes, läppisches Zeug erweist. Beispiele aus der
Litteratur über Somnambulismus, Mediumismus etc. giebt
es übergenug, sed nomina sunt odiosa.

Wenn wir nun nach dieser Abschweifung zur Geschichte
des Aristides zurückkehren, so fällt uns auf, daß wir in derselben einer eigentlichen magnetischen Manipulation nicht
begegnen. Doch darf uns das nicht irre machen, denn die
erzählten Vorfälle gehören — wie man keinem Kenner klar
zu machen nötig hat — dem Somnambulismus an. Autosomnambulismus anzunehmen, geht nicht wohl an, weil die
Häufigkeit der gemeinsamen „Träume" dagegen spricht. Wir

müssen also annehmen, daß die die Inkubation Übenden
entweder in magnetisierten Örtlichkeiten (man denke an die
von den Pariser Mesmeristen magnetisierten Krankenfäle
und die Ulme Puységurs) schliefen oder im natürlichen
Schlaf magnetisiert wurden. Das über dem Tempeldienst
brütende Geheimnis wird wohl nie enthüllt werden, doch
haben wir in dem dem Aristides erscheinenden Äskulap
ganz offenbar die eine Hälfte des gespaltenen transcendentalen
Subjektes des Redners zu sehen, welche sich mit der anderen
dramatisch unterhält.

Da sich sowohl in der Religion als in der Medizin
der Römer griechische und ägyptische Elemente mit altitalischen
mischen, so ist es natürlich, daß wir auch bei diesem Volk
dem Orakelwesen und der Inkubation begegnen. Das Faunusorakel habe ich schon oben genannt und will hier noch das
Orakel des Podalirius, des Sohnes des Äskulap, erwähnen,
welcher der Sage nach nach dem trojanischen Kriege an die
daunische Küste verschlagen wurde und die von seinem Vater
erlernte Heilkunst ausübte. Auch auf dessen Grabmal übte
man nach Strabo[1]) die Inkubation auf Widderfellen.

Allbekannt ist das bei den Römern geübte Befragen
der sibyllinischen Bücher und die Geschichte von deren Verkauf
an König Tarquinius durch die Sibylle von Cumä.

Die Sibyllen[2]) sind Autosomnambule, welche, nachdem
sie ihre Seherschaft entdeckt haben und dieselbe auf Befragen
auszuüben gedenken, sich durch verschiedene Mittel, durch
betäubende der Erde entströmenden Gase usw., in Ekstase
versetzen. So schildert schon Virgil die Ekstase der Sibylle

---

[1]) Strabo, Lib. VI.

[2]) Zur Etymologie des Wortes Sibylle sei bemerkt, daß Diodor
und Origines dasselbe von σιος (im äolischen Dialekt), Gott und
βουλή, Rat, ableiten; andere — wohl richtiger — von σίω, heftig bewegen, und βέλλος, voll; denn bei ihrer Weissagung waren sie voll
heftiger Bewegung.

von Cumä, nachdem sie sich in der Höhle des euböischen
Felsens ·in Ekstase gesetzt hat, äußerst charakteristisch mit
Worten, wie sie vollkommen auf den Korybantismus der
alte Griechen, die „divinatio per furorem" und die Kampf=
zustände unserer Somnambulen passen:

„Plötzlich erschien nicht vorige Farbe, noch Antlitz,
Nicht in geordneten Locken das Haar: nein, keuchend der Busen,
Heftig in Wut aufschwellend das Herz, auch höher das Ansehn,
Und nicht sterblich der Ton, als nun sie des mächtigen Anhauchs
Füllte der nähere Gott." [1])

„Aber von Phöbus Gewalt ungebeugt noch, tobt die Prophetin
Ungestüm in der Höhl', ob etwa der Brust sie entschütteln
Könne den mächtigen Gott: um so heftiger zerrt er des Mundes
Rasen, und zähmt der Empörten das Herz, und ein Bänd'ger zwängt er." [2])

„Also ruft aus dem hehren Geklüft die Seherin Cumas,
Mit grauenvollen Getöns Umschweif, und brüllt aus der Höhlung
Wahre Laut' in Dunkel gewirrt: so schüttelt des Wahnsinns
Zügel mit Macht, so dreht in die Brust ihr den Stachel Apollo. [3])

Aber die Sibylle spricht von sich selbst ganz ähnlich:

„Ich bin ganz gestreckt, und mein Leib ist betäubt; ich weiß nicht,
was ich sage, allein Gott befiehlt mir zu sprechen; — warum muß ich
diesen Gesang einem jeden verkünden? Und wenn mein Geist nach dem
göttlichen Hymnus ausgeruht hat, so befiehlt mir der Gott, von neuem
zu weissagen. Ich weiß die Zahl des Sandes und das Maß des Meeres
und die Höhen der Erde und die Zahl der Menschen und die Gestirne
und die Bäume und die Tiere." [4])

Für gewöhnlich zählt man zehn Sibyllen: die persische
oder chaldäische (Sameta); die libysche; die delphische
(Daphne des Diodorus); die cumanische, von welcher Virgil
singt und von der Plutarch behauptet, daß sie den berühmten
Ausbruch des Vesuvs im Jahre 79 n. Chr. vorausgesagt
habe; die erythräische; die samische, die Herophile; die helles=
pontische, die phrygische und die tiburtinische.

---

1) und 2) Aeneis VI. 47—51. 77—80.
3) Ebenda 98—101.
4) Traité de la Creance des pères à l'occasion de l'esprit attri-
bué aux Sibylles. Par David Blondel. Charenton 1652. p. 25 und 64·

Bekanntlich wurden die alten, sibyllinischen Bücher auf
Befehl des Stilicho verbrannt, und die jetzt noch in zwölf
Büchern griechischer Verse erhaltenen sind jüdisch-christliche
Machwerke aus dem zweiten und dritten Jahrhundert.

Es ist ein von der Kirche genährter, weitverbreiteter
Irrtum, daß die Orakel mit dem Auftreten Christi aufgehört
hätten. Daß dem nicht also ist, ergiebt sich aus dem
Folgenden: Sueton erzählt in seinem Leben Nero's, daß
das delphische Orakel Nero gewarnt habe, sich vor 73 Jahren
zu hüten. Nero glaubte deshalb mit 73 Jahren zu sterben,
wurde aber von dem 73jährigen Galba des Thrones beraubt.
Philostratus berichtet von Apollonius von Thyana, daß derselbe die Orakel von Delphi und Dodona besuchte. Auch
Julian Apostata fragte in Delphi an, ob er gegen Persien
rüsten solle. Dionysius berichtet, daß Amphilochos noch im
Jahre 230 n. Chr. Traumorakel erteilte. Makrobius erzählt,
daß zur Zeit des Honorius und Arcadius die Orakel zu
Heliopolis in Syrien und zu Antium noch blühten. In
Athen endlich war die Inkubation noch im fünften Jahr-
hundert bis zum Schluß der neuplatonischen Schulen üblich.[1]

Als ein Beispiel der von in Folge der Inkubation
geheilten Kranken den Tempeln geweihten Votivtafeln
erwähne ich die maffeischen Tafeln, so genannt, weil sie
von dem gelehrten Jesuitenpater Giovanni Pietro Maffei (1566
bis 1603) im Äskulaptempel in Rom aufgefunden und bekannt
gemacht wurden. Der lateinische Text dieser Tafeln (der ursprüngliche war griechisch) findet sich bei J. Ch. Frommann;[2] und
Ennemoser giebt in seiner „Geschichte der Magie"[3] eine
deutsche Übersetzung nach dem in der Bibliothèque du

---

[1] Kindermann: Der Somnambulismus unserer Zeit mit der
Inkubation oder dem Tempelschlaf und Weissagungstraum der alten
Heiden verglichen. 1788.

[2] Tractatus de Fascinatione. Norimb. 1675. 4⁰ p. 197.

[3] A. a. O. S. 595 u. 596.

Magnétisme animal[1]) befindlichen französischen Text, welche
von dem lateinischen etwas abweicht.

Der ganze bei Juden und Heiden geübte magnetisch=
mediumistische Kultus ging in das Urchristentum über,
und Paulus entrollt uns einen ganzen Chklus von somnam=
bulen Sprechen, Trancereden, Sprechen nicht erlernter
Sprachen (Zungenreden), Fernwirken, magischem Heilen,
Weissagen u. s. w., wenn er sagt:[2])

„In einem jeglichen erzeigen sich die Gaben des Geistes zum ge=
meinen Nutzen. Einem wird gegeben durch den Geist zu reden von der
Weisheit; dem andern wird gegeben zu reden von der Erkenntniß, nach
demselbigen Geist; einem andern der Glaube in demselbigen Geist; einem
andern die Gabe gesund zu machen in demselbigen Geist; einem andern
Wunder zu thun; einem andern Weissagung; einem andern, Geister zu un=
terscheiden; einem andern, mancherlei Sprachen; einem andern, die
Sprachen auszulegen."

Paulus klassifiziert die so Begabten folgendermaßen:[3])

„Und Gott hat gesetzt in der Gemeinde aufs erste die Apostel,
aufs andere die Propheten, aufs dritte die Lehrer, danach die Wunder=
thäter, danach die Gaben gesund zu machen, Helfer, Regierer, mancher=
lei Sprachen."

Paulus kennt auch sehr wohl das verhältnismäßig
seltene Vorkommen derartiger Begabung, denn er sagt:[4])

„Sind sie alle Apostel? Sind sie alle Propheten? Sind sie alle
Lehrer? Sind sie alle Wunderthäter? Haben sie alle Gaben gesund
zu machen? Reden sie alle mit mancherlei Sprachen? Können sie alle
auslegen?

Paulus empfiehlt die Ausbildung dieser Gaben mit den
Worten:[5])

„Strebet aber nach den besten Gaben. Und ich will euch noch einen
köstlicheren Weg zeigen."

Dieser Weg ist die Ausübung der christlichen Liebe

---

[1]) A. a. O. Tom. 6, 7 u. 8.
[2]) 1. Korinther, 12, 7—10.
[3]) A. a. O. V. 28.
[4]) 1. Korinther 12, 29. 30.
[5]) A. a. O. V. 31.

und das Gebet im Geist. [1] Auf diesem Wege werden die
obigen, nach Paulus zur Bekehrung Ungläubiger nützlichen
Gaben erworben, und die Fernempfindung, das Durchschauen
anderer könnte nach Paulus derart gesteigert werden, daß
alle Mitglieder einer versammelten Gemeinde von einem
unter sie tretenden Unbekannten auf übersinnliche Weise das
gleiche Charakterbild erhielten. Diese Stufe allgemeiner
Adeptschaft ist jedoch de facto nicht erreicht, und die Gaben
äußern sich je nach der Individualität in verschiedenem
Grade. Man vergleiche folgende Stellen: [2]

„So sie aber alle weissagten, und käme dann ein Ungläubiger oder
Laie hinein, der würde von denselben allen gestraft und von allen ge=
richtet. Und also würde das Verborgene seines Herzens offenbar, und
er würde also fallen auf sein Angesicht, Gott anbeten und bekennen, daß
Gott wahrhaftig in euch sei. Wie ist ihm denn nun, liebe Brüder?
Wenn ihr zusammenkommt, hat jeglicher Psalmen, er hat eine Lehre, er
hat Zungen, er hat Offenbarung, er hat Auslegung. Laßt es alles ge=
schehen zur Besserung. So jemand mit der Zunge redet, oder zween,
oder aufs meiste drei, eins ums andere, so lege es einer aus. Ist er
aber nicht ein Ausleger, so schweige er in der Gemeinde, rede aber ihm
selber und Gotte. Die Weissager aber lasset reden, zween oder drei,
und die andern lasset richten. So aber eine Offenbarung geschieht einem
andern, der da sitzt, so schweige der erste. Ihr könnt wohl alle weis=
sagen, einer nach dem andern, auf daß sie alle lernen und alle ermahnt
werden. Und die Geister der Propheten sind den Propheten unterthan.“

Es ist zweifelhaft, ob Paulus an dieser Stelle unter
dem Zungenreden Sprechen nicht erlernter Sprachen in
magnetischem Zustand oder das in diesem Zustand so häufig
beobachtete Bilden neuer, unbekannter Sprachen versteht.
Im ersten Fall wäre der Ausleger einfach ein Mensch,
welcher die betreffende Sprache erlernt hat, im zweiten Fall
ein mit der somnambulen Person in Rapport stehender
Somnambuler, welcher während der Krise durch Gedanken=
übertragung den Sinn der neugebildeten Worte versteht,

---

[1] 1. Korinther cap. 13 u. 14 bis V. 31.
[2] 1. Korinther 14, 24—32.

während beide, in den tageswachen Zustand zurückgekehrt, Verständnis und Erinnerung verloren haben.

Der Schlußvers macht es nicht unwahrscheinlich, daß Paulus das Zungenreden und Weissagen als ein inspiriertes Sprechen meint, bei welchem die Geister der neuen, christlichen Propheten von den Geistern der alten, jüdischen Propheten erfüllt „kontrolliert" seien.

Paulus erkennt wohl dunkel, daß das im ekstatischen Zustand Geschaute und Gesprochene von dem ethischen 2c. Zustand der Persönlichkeit abhängig ist und keine Garantie für seine absolute Wahrheit in sich trägt. Trotzdem aber sagt er, daß Gott wahrhaftig in den christlichen Sehern sei. — Dies ward später, indem man das anthropologische Phänomen auf eine supranaturalistische Ebene abschob und als Beweismittel für das Dogma heranzog, dazu benutzt, um alle außerhalb der orthodoxen Kirche sich vorlaut hervor= drängenden okkulten Phänomene für teuflisch zu erklären; und damit waren die Grundrisse der Scheiterhaufen gezeichnet, auf welchen Ketzer und Hexen zur größeren Ehre Gottes zu Asche verbrannt wurden.

Wir können unmöglich die ganze Ketzergeschichte durch= gehen, um alle in ihr vorkommenden Somnambulen an's Licht zu ziehen. Wir wollen nur an die Gnostiker Marcus und Montanus, welche in den ersten christlichen Jahrhunderten mit Somnambulen operierten, erinnern. Marcus rief seinen Schülerinnen zu: „Siehe, die Gnade Gottes kommt auf dich! Öffne deinen Mund und weissage!" Als darauf das Weib antwortete: „Ich habe noch nie= mals geweissagt, und weiß nicht wie ich weissagen soll," so machte Marcus gewisse Bewegungen, sprach Beschwörungen und versetzte dadurch die Schwester in Betäubung, worauf diese niederfiel und göttliche Offenbarungen zu erhalten glaubte. Tertullian schreibt von einer den Montanus begleitenden Somnambule:

„Unter uns weilt jetzt eine Schwester, welcher die Gabe der Prophe=
zeihung verliehen ist. Sie empfängt ihre Enthüllungen in der Kirche
während der Feier unserer Mysterien, wo sie in Ekstase fällt, dann hält
sie Unterrednngen mit den Engeln, zuweilen auch mit dem Herrn Christus.
In ihrer Verzückung hört und sieht sie die Geheimnisse des Himmels;
sie weiß, was die Herzen mancher Menschen verbergen, und nennt denen,
welche dessen bedürftig sind, heilsame Arzneimittel."

Wir begegnen also hier dem ekstatischen Entrücktsein,
dem Gedankenwesen und Heilinstinkt der Somnambulen.[1])

Eine vorzügliche Schilderung des somnambulen Zustandes
giebt der bedeutendste altchristliche lateinische Dichter Aurelius
Clemens Prudentius (350—410) in seiner Hamarti=
genia:[2])

„Nichts, was irdisch und fest, steht hindernd dem Seher entgegen:
Nächtliche Nebel, sie weichen, es weichen die schwärzlichen Wolken,
Und die feinere Decke, die weltverhüllende, sinket.
Nicht allein in dem Aether ermessen die Blicke die Tiefen,
Ueber der Berge Gebäu hinführen die Lichter des Geistes,
Und die Enden des Meeres, die letzten Gestade von Thule
Kennt er, in die Unterwelt schweift das geflügelte Auge,
Und du zweifelst, es möchten die Seelen, geübet im Schauen,
Sehn nicht dem leiblichen Auge Verborgenes, wenn in des Schlafes
Süßer Entfremdung der wachende Geist oft fessellos schweifet
In entfernte Gefilde, die Schärfe des Blickes
Ueber die Fluren, die Sterne und über die Meere dahineilt?
Doch läßt er die Glieder nicht los, bis der Tod sie ereilet,
Tief im innersten Leibe verbleibt er, der Späher, und alles
Schauet sein schärferes Aug'. Kein Riegel vermag es zu hindern,
Das vor dem geistigen Blicke nicht offen liege das Weltall."

Im Leben der Heiligen spielte der Somnambulismus
eine große Rolle und alle Legenden sind voll von hierher
gehörigen Erzählungen. Man hat zwar in neuerer Zeit
angefangen, den Wert dieser Beispiele gering zu schätzen und
herabzusetzen, während man mit Unrecht viele ähnliche Er=
scheinungen zu hoch anschlägt und überschätzt. Die Heiligen=

---

[1]) Schindler: Magisches Geistesleben, S. 108.
[2]) Opera ed. Obbarius, Tübingen, 1845.

legenden teilen das Los des okkulten Phänomenalismus,
insofern man wohl an den einzelnen Thatsachen herummäkeln
kann, das Gesammtgebiet aber gelten lassen muß. Die
Afterwissenschaftlichkeit will nicht einsehen, daß man dieses
Gebiet eben nur aus dem Ganzen heraus begreifen kann,
und daß alsdann die sich bei den Heiligen, Hexen, Somnam=
bulen, Medien usw. früherer Zeiten zeigenden okkulten Vor=
gänge Wert gewinnen, obwohl sie diese nicht exakt feststellen
und protokollieren lassen konnten.

Aus obigem Grunde aber werde ich sparsam mit Bei=
spielen aus der Heiligengeschichte sein und nur die heilige
Hildegard anführen. Dieselbe wurde als Tochter adeliger
Eltern 1098 zu Bökelheim in der Grafschaft Sponheim
geboren und kam in ihrem achten Lebensjahre in das Kloster
Disibodenberg im Fürstentum Zweibrücken. Sie war äußerst
kränklich und den größten Teil ihres Lebens bettlägerig.
Dabei wurde sie autosomnambul und entwickelte eine solche
Begabung mit okkulten Fähigkeiten und Kräften, daß man
sie wohl eine mittelalterliche „Seherin von Prevorst" nennen
könnte. Sie heilte Krankheiten durch Berührung, Auflegen
der Hände und selbstgeweihtes Wasser, durchschaute der
Menschen Gedanken, war fernsehend und hatte prophetische
und andere Gesichte aller Art. Dieselben beschreibt sie in
ihren „Scivias (erkenne die Wege! — nämlich des Herrn)
seu visionum et revelationum libri III 1628." In dem=
selben schreibt sie über ihr autosomnambules Schauen:

„Was ich sehe, weiß ich nicht sicher, solange ich körperlich beschäftigt
bin. Gesichte aber hatte ich von meiner Kindheit an, da ich noch sehr
gebrechlich war, bis zur gegenwärtigen Zeit, da ich über siebenzig Jahre
alt bin. Meine Seele erhebt sich, nachdem Gott will, in diesen Gesichten
bis zur Höhe des Firmaments und nach allen Weltgegenden zu ver=
schiedenen Völkern. Ich sehe die Dinge aber nicht mit den äußern
Augen und höre sie nicht mit den Ohren noch durch die andern Sinne,
sondern einzig in meiner Seele mit offenen Augen, ohne in Ekstase zu
geraten; denn ich schaue sie wachend bei Tag und bei Nacht."

„Im dritten Jahre meines Lebens erblickte ich ein solches Licht, daß meine Seele erbebte. Aber infolge meiner Kindheit konnte ich nichts darüber mitteilen. In meinem achten Jahre wurde ich Gott zu einem geistigen Verkehr dargebracht, und bis zu meinem fünfzehnten Jahre sah ich vieles, wovon ich manches in Einfalt erzählte, so daß die Hörer darüber erstaunt waren und überlegten, woher und von wem diese Gesichte kämen. Damals verwunderte ich mich selbst, daß, während ich innerlich im Geiste sah, ich auch das äußere Sehvermögen hatte, und da ich dies sonst von keinem Menschen hörte, so verbarg ich die Gesichte, welche ich in meiner Seele hatte, soviel ich konnte. Vieles Äußere blieb mir auch unbekannt wegen der beständigen Kränklichkeit, welche ich vom Mutterleib bis jetzt erduldet habe, die meinen Körper abmagerte und meine Kräfte verzehrte. So erschöpft, fragte ich einst meine Pflegerin, ob sie etwas außer den äußerlichen Dingen sähe. Sie antwortete: nein, weil sie nichts sah. Da wurde ich von großer Furcht ergriffen und wagte nicht, dies jemanden mitzuteilen; aber indem ich mancherlei sprach, pflegte ich auch von künftigen Dingen zu erzählen. Wenn ich von diesen Visionen mächtig ergriffen war, sagte ich Dinge, welche den Hörenden gänzlich fremd waren. Wenn nun die Kraft der Vision etwas nachließ, worin ich mich mehr nach den Sitten eines Kindes, als nach den Jahren meines Alters betrug, so errötete ich sehr und fing an zu weinen; und häufig hätte ich lieber geschwiegen, wenn es mir vergönnt gewesen wäre. Aus Furcht aber vor den Menschen wagte ich niemand zu sagen, wie ich sah. Aber eine Edelfrau, der ich zur Aufsicht übergeben war, bemerkte dies und teilte es einer ihr bekannten Nonne mit. Nach dem Tode dieser Frau blieb ich bis zu meinem vierzigsten Jahre meines Lebens sehend. Damals wurde ich in einem Gesichte durch einen großen Drang genötigt, öffentlich zu sagen, was ich gesehen und gehört hatte. Ich teilte dies einem Mönch, meinem Beichtvater, mit, einem Manne voll guten Willens. Ich war aber damals sehr kräftig. Er hörte diese wunderbaren Erscheinungen gern und riet mir, sie niederzuschreiben und geheim zu halten, bis er sähe, wie und woher sie wären. Nachdem er erkannte, daß sie von Gott waren, teilte er sie einem Abt mit und arbeitete eifrig mit mir in diesen Dingen.“

„Als ich zweiundvierzig Jahre und sieben Monate alt war, durchströmte ein vom Himmel kommendes feuriges Licht mein ganzes Gehirn und entflammte mein Herz wie Feuer, das nicht brennt, aber wärmt, der Sonne gleich, die mit ihren Strahlen die Gegenstände erwärmt, und plötzlich hatte ich das Verständnis der Schriftauslegung, nämlich des Psalters, des Evangeliums und anderer Bücher des alten und neuen Testamentes.“

„In diesen Visionen verstand ich die Schriften der Propheten, der Evangelisten und einiger heiliger Philosophen ohne allen menschlichen Unterricht. Einiges aus diesen Büchern erklärte ich, da ich doch kaum die Buchstaben kannte, soviel mich die ungelehrte Frau gelehrt hatte.[1] Ich sang auch ein Lied zur Ehre Gottes und der Heiligen, ohne von einem Menschen darüber belehrt worden zu sein, denn ich hatte nie irgend einen Gesang gelernt. Da diese Dinge der Mainzer Kirche bekannt wurden, so sagten sie, es komme alles von Gott und durch die Prophetengabe. Hierauf wurden meine Schriften dem Papst Eugen, als er zu Trier war, gebracht, welcher sie vor vielen vorlesen ließ; er schickte mir einen Brief und hieß mich meine Geschichte genauer aufschreiben."

Der hier genannte Papst ist Eugen III. (1145—1153). Derselbe ließ auf Anregung seines Lehrers, des Heiligen Bernhard von Clairvaux, die heilige Hildegard durch eine Kommission untersuchen und erklärte sie für eine echte Prophetin. Auch Anastasius IV., Hadrian IV. und die Kaiser Konrad III. und Friedrich Barbarossa fragten Hildegard in den wichtigsten Angelegenheiten um Rat. Sie starb am 17. September 1179.

Ebenso wie bei den Heiligen kommt der Somnambulismus bei den Hexen vor. Da ich in meinem Werk über das Hexenwesen hierher gehörige Beispiele geben werde, kann ich mich jetzt mit einem bloßen Hinweis auf dieselben begnügen.

Auch die scheinbare Entrückung der Somnambulen in's Jenseits, deren ältestem Beispiel wir bei Eros von Pamphilien begegnen, mangelt im Mittelalter nicht. Von vielen Beispielen gebe ich nur ein wenig bekanntes, weil dasselbe erstens einem der alten Kultur völlig fremden Volk entstammt und weil mit dem Entrücktsein prophetische Gesichte und die Hypostasierung eines der bekannten „Führer" der Somnambulen vergesellschaftet sind. Das Beispiel entnehme ich Clavigeros Geschichte von Mexiko.[2]

---

[1] Hildegard meint die Nonne, welche sie lesen lehrte.
[2] Leipzig 1789. S. 165. (Deutsche Ausgabe.)

„Prazanzin, die Schwester des Montezuma, starb 1509. Ihr Bruder ließ sie nach einem prächtigen Leichenbegängnis in einer unter= irdischen Höhle des Gartens des Palastes beisetzen und die Öffnung mit einem Stein zusetzen. Des folgenden Tages erwachte Prazanzin wieder, kehrte ins Leben zurück und ließ ihrem Bruder melden, daß sie ihm Dinge von Wichtigkeit mitzuteilen habe. Dieser kam voll Erstaunen zu ihr und hörte von ihr folgendes: In meinem Todeszustande sah ich mich auf eine weite Ebene versetzt, die ich nicht übersehen konnte. In der Mitte gewahrte ich einen Weg, der sich weiterhin in viele Fußsteige teilte. Auf der einen Seite floß ein Strom mit fürchterlichem Geräusch. Ich wollte hinüberschwimmen; da ward ich eines schönen, in ein schnee= weißes, blendendes Gewand gekleideten Jünglings gewahr, der mich mit den Worten bei der Hand faßte: Halt, es ist noch nicht Zeit, Gott liebt dich, ob du es gleich nicht weißt. Darauf führte er mich an ein Ufer hin, wo ich eine Menge Menschenschädel und Knochen bemerkte und ein ängstliches Stöhnen hörte. Auf dem Flusse sah ich einige große Schiffe mit Menschen von fremder Farbe und Kleidung gefüllt. Sie waren schön und hatten Bärte, Fahnen und Helme. Es ist Gottes Wille, sagte der Jüngling, daß du leben sollst, und Zeuge sein der großen Verände= rungen, welche diesen Reichen bevorstehen. Das Stöhnen rührt von den Seelen deiner Vorfahren her, die für ihre Sünden büßen. Die in den Schiffen werden sich durch ihre Waffen zu den Herren aller dieser Reiche machen. Mit ihnen wird auch die Kenntnis des einzig wahren Gottes kommen. Nach Beendigung des Krieges, und wenn das Bad, das von allen Sünden reinigt, bekannt sein wird, sollst du es zuerst empfangen und andere dadurch zur Nachfolge reizen. Nach dieser Rede verschwand der Jüngling, und ich fand mich wieder lebendig, schob den Stein von der Thüre weg, und nun bin ich wieder unter den Menschen. Die Prinzessin lebte, wie man sagt, noch viele Jahre eingezogen. Sie war die erste, welche zu Tlatlalolko 1524 getauft wurde."

Daß die Aztekin Prazanzin im Jahre 1509 nicht mit obigen Worten gesprochen haben kann, ist ohne weiteres klar; aber vielleicht hat sie später als Christin ihr Erlebnis so oder ähnlich erzählt, denn eine Thatsache liegt in der Erzählung ganz offenbar zu Grunde, und deshalb glaubte ich sie nicht übergehen zu dürfen.

Es bliebe nun etwa noch das spontane und erstrebte Geistersehen zu besprechen. Da aber diese somnambulen

Zustände nicht allein in der Persönlichkeit des Sehers wurzeln, so kann ich sie hier füglich beiseite lassen und mich zur Geschichte Mesmers wenden, indem ich die weiteren Somnambulen des 16.—18. Jahrhunderts übergehe.

————

Drittes Kapitel.

Franz Anton Mesmers Leben.

I.

Mesmers Laufbahn bis zu seiner Übersiedelung nach Paris.

Der vielbewunderte und noch mehr geschmähte Franz Anton Mesmer wurde am 23. Mai 1734 zu Iznang[1]) bei Radolfszell geboren und am gleichen Tage von dem Pfarrer Hoch zu Weilen getauft. Mesmers Eltern hießen mit Vornamen Anton und Maria Ursula; seine Mutter war eine geborene Michel, der Vater ein im Dienste des Erzbischofs von Konstanz stehender Jäger.

In ungebundener Freiheit verlebte Mesmer seine Kinderjahre in der herrlichen Umgebung des Bodensees, in Feldern und Wäldern umherschweifend und, schon früh dem magischen Zuge der magnetischen Natur des Wassers folgend, dem Ursprung der Quellen und Bäche nachspürend, worüber er, wie er als Greis dem Professor Wolfart erzählte, oft genug die Schule versäumte. Diesem Leben in

---

[1]) Wolfart giebt an, Mesmer sei in Weilen bei Radolfszell, dessen Filiale Iznang war, geboren; allein dies ist ein Irrtum, wie Just. Kerner in seiner Schrift: „F. A. Mesmer aus Schwaben", Frankfurt, 1856, S. 14, an der Hand des vom Freiherrn von Laßberg beschafften Mesmer'schen Taufzeugnisses beweist.

der freihen Natur hatte wohl auch Mesmer die Begabung
seines Organismus mit einer eigentümlichen, durch die
Berührung wirkenden Heilkraft zu verdanken, wie man sie
oft bei Leuten antrifft, die in ständigem Verkehr mit der
Natur stehen, wie Bauern, Hirten, Jäger u. s. w. Diese
merkwürdige Begabung entdeckte Mesmer schon in seiner
Jugend durch den Umstand, daß, wenn er bei einem der
damals auf der Tagesordnung stehenden Aderlässe zugegen
war, das aus der Ader strömende Blut sich veränderte,
langsamer oder schneller floß, je nachdem er sich näherte
oder entfernte.[1]) — Auch scheinen eigentümliche, körperliche
Empfindungen durch die Annäherung von Mesmers Persönlichkeit erregt worden zu sein; wenigstens erzählte ein alter
Mann, der Mesmer noch gekannt hatte, Kerner;[2]) daß,
wenn Mesmer selbst in einiger Entfernuug mit der flachen
Hand auch unvermutet über das Gesicht einer Person herab-
fuhr, diese davon ganz eigentümliche Empfindungen hatte.

Über den Bildungsgang, welchen Mesmer in seiner
Jugend durchmachte, ist wenig bekannt. Wir wissen nur,
daß er in Wien Philosophie studierte, als Dr. philosophiae
promoviert wurde und schon litterarisch thätig gewesen war,
ehe er sich einem langjährigen Studium der Medizin
zuwandte, wie sich aus seinem medizinischen Doktordiplom

---

[1]) Auf diese manchen Menschen eigene Begabung, denn die hypnotische Suggestion dürfte wohl schwerlich ausreichen, führe ich die bekannte Besprechung des Blutes u. s. w. zurück, wovon ich an mir
selbst ein Beispiel erlebte: Als 13jähriger Gymnasiast wurde ich bei
einer Balgerei in der Zwischenstunde von einem andern Schüler, der
gerade sein Frühstück aß, aus Unvorsichtigkeit durch den linken Unterarm
zwischen den Röhren durch und durch gestochen. Als ich sehr stark
blutend nach Hause kam, besprach mir mein Großvater die Wunde,
worauf das Blut sofort stand und die Wunde in etwa acht Tagen ohne
Eiterung ꝛc. heilte.

[2]) A. a. O. S. 15.

7*

ergiebt.[1] — Während dieser Periode muß sich Mesmer mit den Lehren der Paracelsisten und der medizinischen Anwendung der Astrologie befaßt haben, denn er disputierte bei seiner am 31. Mai 1766 stattfindenden Promotion De influxu planetarum in corpus humanum, welche Dissertation 1766 in Wien gedruckt wurde, jetzt aber wohl zu den größten litterarischen Seltenheiten — wie Mesmers Schriften überhaupt — gehört, da ich sie in den bedeutendsten Bibliotheken vergebens suchte.

Über den Inhalt dieser Schrift sagt Mesmer selbst:[2]

„Ich gründete meine Theorie auf bekannte, durch Erfahrungen bestätigte Grundsätze der allgemeinen Attraktion, die uns überzeugen, daß ein Planet auf den andern in seiner Laufbahn wirkt, und daß Mond und Sonne auf unserer Erde Ebbe und Flut, sowohl im Meer als im Dunstkreis, verursachen und lenken; und so behaupte ich: Diese Weltkörper wirken auch geradezu auf alle wesentliche Bestandteile lebender Körper, vorzüglich aber auf das Nervensystem, vermittelst eines alles durchdringenden Fluidums. Ich bestimmte die Art dieses Einflusses und sagte: daß er die Eigenschaften der Materie und der organischen Körper, z. B. Schwere, Zusammenhang, Elasticität, Reizbarkeit und Elektricität, bald verstärke, bald schwäche. Ich behaupte ferner, daß diese in Absicht auf die der Schwere entgegengesetzten Wirkungen, welche auf der See die merkwürdigen Veränderungen der Ebbe und Flut verursachen, daß die Verstärkung und Schwächung der obengenannten Eigenschaften, da sie einerlei Wirkungsquelle haben, auch in lebendigen Körpern entgegengesetzte Wirkungen verursachen; daß auch im tierischen, den nämlichen wirkenden! Kräften ausgesetzten Körper eine Art von Ebbe und Flut stattfinde. Ich unterstütze diese Theorie durch verschiedene von bestimmt wiederkehrenden Erfolgen hergenommene Beispiele und nannte die Eigenschaft der tierischen Körper, welche sie des Einflusses des Himmels und unseres Erdkörpers fähig macht: tierischen Magnetismus. Aus ihm erkläre ich überhaupt alle periodischen Veränderungen, welche die Ärzte in der ganzen Welt von jeher bei Krankheiten beobachtet haben."

Wir sehen also, daß Mesmers animalischer Magnetismus

---

[1] Kerner teilt dasselbe a. a. O. S. 11 wörtlich mit.
[2] Kerner a. a. O. S. 12 ff.

ursprünglich nicht die Lehre eines magnetischen Einflusses von einem Organismus auf den andern, sondern der erweiterte kosmische Magnetismus von Paracelsus und Fludd war, nur auf dem Umweg über den Mineralmagnetismus gelangte Mesmer, wie wir noch sehen werden, zu dem, was wir heute animalischen Magnetismus nennen.

Bemerken will ich noch, daß das medizinische Doktordiplom Mesmers ein sehr ehrenvolles ist, denn es heißt in demselben, das von van Swieten, dem nach Boerhaves Tod berühmtesten Arzt seiner Zeit, dem Leibarzt Maria Theresia's, als Präses der Wiener medizinischen Fakultät, mitunterzeichnet ist:[1])

„Da der hochgelehrte Herr Anton Mesmer — in jeder Hinsicht ausgezeichnete Gelehrsamkeit und Kenntnisse in der Arzneikunde zeigte, so ertheilen wir ihm gern die Ehre, welche er durch seine ausgebreiteten Kenntnisse verdient, — ernennen — (ihn) zum Doktor der Medizin und verleihen ihm feierlich die Erlaubniß, den Lehrstuhl der Medizin zu besteigen" u. s. w.

Und trotzdem hat die Gehässigkeit Mesmer zu einem Ignoranten und Charlatan machen wollen!

Mesmer übte seine medizinische Praxis zunächst fünfzehn Jahre in Wien aus, wo er auch die junge Wittwe des kaiserlichen Rates van Bosch heiratete, die einen Sohn mit in die Ehe brachte. Die Ehe war offenbar eine unglückliche; wenigstens spricht Mesmer in einem an einen Freund gerichteten Brief von der Geistlosigkeit und Verschwendung seiner Frau, von der er sich nach einigen Jahren trennte.

Die Ursachen wie das Wesen der Krankheiten suchte Mesmer, wie bereits gesagt, in den kosmischen Wechselbeziehungen und sah in dem von ihm „Allmagnetismus" genannten kosmischen Magnetismus in Anlehnung an Paracelsus und Maxwell das Universalheilmittel. Zuerst hielt er die Elektricität und später, da der bekannte Pater Hell

---

[1]) Kerner a. a. O. S. 11.

durch seine mit Mineralmagneten vollbrachten Kuren großes
Aufsehen erregte, den Mineralmagnetismus für das Vehikel
des kosmischen Magnetismus. Im Jahre 1772 begann
Mesmer vermittelst Manipulationen mit Mineralmagneten
zu kurieren und hatte bedeutende Erfolge. Nach einem
Jahre jedoch machte er bereits die Erfahrung, daß er ohne
Anwendung des Magnets durch bloße Berührung mit der
Hand viel energischer auf den erkrankten Organismus ein=
wirke, und die Entdeckung des „tierischen Magnetismus" war
gemacht.

Zuerst machte Mesmer diese Erfahrung bekannt in der
Schrift: „Schreiben an einen auswärtigen Arzt
über die Magnetcur." Wien 1775 8°.

Mesmer ging von der Annahme einer das All durch=
dringenden und verbindenen Kraft aus, welcher man teil=
haftig werden müsse, um alle Krankheiten, welche nur auf
dem gestörten Gleichgewicht dieser Kraft beruhten, heilen zu
können. Um dieses gestörte Gleichgewicht wieder in Harmonie
zu bringen, strich Mesmer, mit dem Magnet in der Hand,
den Körper nach seinen schon von Fludd angedeuteten
Polen und erzielte so heilkräftige Wirkungen. Aber von
seiner Theorie einer alles erfüllenden Urkraft geleitet, ging
Mesmer weiter und kam zu der Annahme, die ihm seine
Experimente aufdrängten, daß die Urkraft mehr im Menschen
selbst als im Magneten vorhanden sei, und daß, wie der
Magnet das Eisen gleichnamig magnetisch mache, auch der
Mensch polarisch auf den Menschen einwirken müsse. Da er
seine Theorie durch die Praxis bestätigt fand, ließ Mesmer
den Magneten fort und manipulierte ausschließlich mit den
Händen.

Ein ausführliches Bild von Mesmers Heilmethode
während seiner ersten Zeit entwirft uns ein gewisser Seyfert,[1])

---

[1]) Vergl. Kerner: F. A. Mesmer, S. 18—50. — S. starb als
Professor in Magdeburg.

Hauslehrer bei dem Baron Horeczky de Horka auf Schloß Rohow im Neutraer Komitat, welches wir abgekürzt wiedergeben.

Der noch nicht dreißigjährige Baron de Horka litt an Halskrämpfen, an denen er manchmal zu ersticken fürchtete, und keines der von ihm gebrauchten Mittel wollte helfen. Nachdem er zum öftern eine Anzahl Wiener Ärzte, u. a. van Swieten und van Haen konsultiert hatte, gab ihm letzterer den Rat, sich von Mesmer magnetisieren zu lassen, obschon er an dessen Heilerfolge nicht glaubte.

Im Sommer des Jahres 1775 wurde Mesmer nach Schloß Rohow berufen und erhielt einen solchen Zulauf von Leidenden aller Stände, daß ihm ein großer Saal des Schlosses zum Empfang und zur Behandlung derselben eingeräumt wurde.

Seyfert war ein total Ungläubiger und entschiedener Gegner von Mesmer, insofern er bei diesem Betrug und Charlatanerie, bei den Geheilten aber Selbsttäuschung und — im besten Fall — eine vorübergehende, auf Suggestion beruhende Heilwirkung annahm. Er sah deshalb Mesmer in allen Manipulationen scharf auf die Finger, fungierte als Dolmetscher im Verkehr mit dem nur slowakisch redenden Landvolk und suchte hinter Mesmer's Rücken dessen Patienten über etwaige betrügerische Kniffe auszufragen. Allein alles blieb vergebens, widerwillig sah sich Seyfert zur Anerkennung der eigentümlichen Begabung Mesmer's genötigt und beschrieb nun die von diesem zu Rohow ausgeführten Heilungen sehr ausführlich. Von diesen Krankengeschichten teile ich zwei mit, welche ein besonderes aktuelles Interesse für die Gegenwart besitzen:

„2. Ein noch ziemlich junger Jude aus dem ungefähr eine kleine Meile von Rohow entlegenen Flecken Sobotischt. Er hatte schon vorher, wie er es mir nachher selbst sagte und andere, Sobotischter Christen, bestätigen, schon lange an einem inneren Brustschaden gelitten und war bereits sehr schwach, so daß man ihn auf einem Wagen nach dem

Schloſſe bringen mußte. Mesmer erkundigte ſich nach dem Zuſtand
ſeiner Krankheit, dann zeigte er eine Weile in einiger Entfernung mit
dem Finger auf ſeine Bruſt, und der Kranke ſoll in kurzer Zeit nach
einer ſtarken Konvulſion in Gegenwart ſehr vieler Menſchen eine Menge
Materie ausgeworfen haben. Einiger Abhaltungen wegen war ich zu
meinem Verdruſſe bei dieſem Auftritt nicht gegenwärtig; doch als ich
bald darauf in den Saal trat und Mesmer uns verlaſſen hatte, erzählte
mir ein guter Freund den ganzen Vorgang. Um mich davon zu über=
zeugen, befragte ich den Juden ſelbſt, welcher mir das Geſchehene ebenſo
beſchrieb. In der Folge war er täglich einer der erſten, die in dem Saal an=
kamen, und einer der letzten, welche nach Hauſe gingen, weil er ſich nun
beſſer befand. Etliche Tage nach jener erſten Begebenheit bekam ich eine
unerwartete Gelegenheit, mich dafür, was ich verſäumt hatte, wieder
ſchadlos zu halten. Wir hielten mehrere ausländiſche Zeitungen, die
wir, der großen Entfernung des nächſten Poſtamtes und anderer dazu
gekommener Umſtände wegen, ſehr ſpät zu leſen bekamen. In einer
derſelben ſtand: Mesmer hätte ein mit der fallenden Sucht behaftetes
Mädchen und zwei Männer, die ſich ſteif und feſt einbildeten, von
Gaßnern durch Austreibung der Teufel vollkommen wieder hergeſtellt
worden zu ſein, (ich weiß nicht mehr, ob auf einmal oder zu verſchiedenen
Zeiten,) plötzlich in ihren vormaligen krampfhaften Zuſtand verſetzt, in=
dem er im Nebenzimmer ſich verborgen hielt und bloß auf die Gegend
hin, wo dieſe Leute ſich hinſtellen mußten, ſeinen Fingerzeig gerichtet
hatte. Ohne Verzug ſuchte ich Mesmer auf und fand ihn in einem an
den Saal ſtoßenden Zimmer mitten unter mehreren Perſonen von hohem
Adel. Ich bat dieſelben, mir zu erlauben, den gemeldeten Artikel aus
der Zeitung hier vorleſen zu dürfen. Recht gern erlaubten ſie es.
Nach geendigter Vorleſung fragte ich Mesmer, ob dieſe Nachricht wahr
wäre. Er bejahte es. Nun erſuchte ich ihn, auch bei uns einen ähn=
lichen Verſuch durch die Mauer zu machen. Hierin wurde ich von den
geſamten Adeligen, beſonders aber von der Gräfin unterſtützt. Mesmer
ſuchte dies anfangs abzulehnen. Dadurch machte er in mir meine
Zweifel gegen ihn von neuem wieder rege. Weil man aber ihm zuzu=
ſetzen nicht aufhörte, ſo beſah er die maſſive Querwand und ſagte zu
uns: er glaube nicht, daß er durch eine zwei und einen halben Fuß
dicke Mauer, wie dieſe wäre, etwas ausrichten würde; denn in Deutſch=
land wären ſolche Wände bei weitem nicht ſo dick geweſen. Es half
nichts; er mußte unſerer Zudringlichkeit auf der Stelle nachgeben. Nun
ging er in den Saal, holte dieſen jungen Juden als den empfindlichſten
aus dem Kreis der Magnetiſierten und ſtellte ihn mit dem Rücken dicht
an die Scheidewand. Dann begab er ſich in das vorige Zimmer wieder

und nahm seine Stellung ungefähr drei Schritt von dieser Wand. Da die Thür, die in den Saal führte, zwei Flügel hatte, von denen einer stets zublieb, so stellte ich mich auf die Schwelle, daß es mir leicht war, mit dem rechten Auge den Juden im Saale, mit dem linken aber Mesmern im Nebenzimmer zu beobachten. Mit der rechten Hand hielt ich den zweiten Thürflügel so dicht zu, daß kein anderer weder aus dem Saal in das Zimmer, noch aus dem Zimmer in den Saal sehen konnte. Nach einigem Verweilen machte Mesmer mit dem Zeigefinger seiner rechten Hand hin und her lauter Querzüge in der Luft in horizontaler Richtung nach der Gegend hin, wo der Jude stand. Es währte nicht lange, als der Jude sein Gesicht verzerrte, seine beiden Hände in die Hüften setzte, kläglich seufzte und sich so geberdete, als ob ihm übel würde. Mit diesem Anblick nicht zufrieden, fragte ich ihn, was er empfinde, worauf er antwortete: „Es wird mir schwer!“ Auf meine zweite Frage, ob in ihm nichts besonderes vorginge, erwiderte er: „Es geht in mir alles in die Quere hin und her.“ Um des übrigen Fragens überhoben zu sein, sagte ich zu ihm, er möchte bei einer jeden Veränderung uns sogleich sagen, was in ihm vorginge, ohne erst eine Frage abzuwarten. Bald schlug Mesmer seine Arme übereinander. Keine acht Sekunden waren vergangen, so sagte der Jude von selbst: „Jetzt hört es wieder auf.“ Als Mesmer gegen ihn Ovalzüge zu machen anfing, so krümmte sich der Jude wieder und sagte: „Jetzt geht in mir alles im Kreise auf und ab.“ Kaum hatte Mesmer die vorige Stellung wieder eingenommen, so sagte der Jude: „Jetzt wird's wieder ruhig.“ Mesmer fuhr nachher so weiter fort und machte für jede neue Regung, die er hervorbringen wollte, andere Striche und Züge, welche der Jude jedesmal samt den bald längeren, bald kürzeren Zwischenfristen genau angab. Hier war doch wohl keine vorherige Verabredung oder irgend eine taschenspielerische Täuschung möglich; und eine bloße, so schnell auf die Probe gestellte Einbildung konnte schlechterdings nicht so viele und so vielerlei Veränderungen in Betracht ihrer Dauer und ihrer Richtungen so treffend bestimmen. Das nächste Jahr darauf erblickte mich dieser Jude von ungefähr auf der Straße von Sobotischt, ging auf mich rasch los und erkundigte sich mit vieler Wärme nach Mesmer. Weil ich ihm nichts Bestimmtes von ihm sagen konnte, so bat er mich, wenn ich ihn ja einmal wieder spräche, ihm in seinem Namen nochmals den innigsten Dank für seine Hülfe abzustatten; denn er hätte gar nichts gebraucht und wäre doch jetzt beständig (wie er sich ausdrückte) frisch, munter und gesund wie ein Fisch.“

Dieser Bericht ist in sofern von aktuellem Interesse, als

wir in ihm einem hypnotisch-telepathischen Experiment im Jahre 1775 begegnen, wie sie in der Neuzeit zuerst wieder von Hansen ausgeführt wurden. Eine interessante Erzählung von magnetischem Rapport ist die folgende:

„3. Ein Bauer aus einem benachbarten Dorfe. Seine Klage war, er hätte schon lange eine Verhärtung in der Gegend des Magens, die ihm allerlei Ungemach, mitunter auch viele Schmerzen verursachte. Dies verdolmetschte ich Mesmern so unmedizinisch wie es mir der Bauer gesagt hatte. Nun mußte der Kranke sich entblößen. Mesmer untersuchte die geschwulstartige Verhärtung, hieß ihn, sich wieder zuknöpfen, deutete, wie er es gewöhnlich·that, von Zeit zu Zeit auf die kranke Stelle, und verfuhr mit ihm nur insofern anders als mit den übrigen Kranken daß er ihn ganz abgesondert auf einen Stuhl setzen ließ und ihm eine viereckige, mit Wasser angefüllte Weinflasche, welche er eine Weile vorher in den Händen gehalten und so magnetisiert hatte, gab, mit dem Bedeuten, daß er die Flasche ja fleißig auf den Leib halten sollte. Der Bauer gehorchte, spürte aber erst nach einer geraumen Zeit nur einige Linderung, die nach seinen ferneren Aussagen täglich merklicher wurde Weiter fiel mit ihm nichts in die Augen fallendes vor, bis endlich eines Tages Mesmer im Nebenzimmer bei verschlossener Thür die Elektrisiermaschine lud. Plötzlich stieß der Bauer die gröbsten slovakischen Flüche gegen Mesmern aus. Ich stellte ihn darüber zur Rede, warum er sich dies erlaubte, worauf er sich damit entschuldigte, weil er jetzt die heftigsten Stiche bekäme, woran kein anderer als der deutsche Mann oder der leidige Teufel schuld sein müßte. Lächelnd über die Einfalt des Bauers ging ich in das Nebenzimmer, wo ich Mesmern im Beisein mehrerer Zuseher die Funken mit den Knöcheln seiner Hand aus der Elektrisiermaschine herauslocken sah, wo dann der Bauer bei jeder Wiederholung seufzte und die Zähne zusammenbiß, welches ich genau sehen und hören konnte, weil ich mit dem einen Fuß im Saale, mit dem andern im Nebenzimmer stand. Eben solche Erscheinungen bemerkte ich an diesem Bauer, wenn Mesmer den Magnetismus entweder durch einen Spiegel oder durch den Schall unmittelbar oder auch nur mittelbar verbreitete. Übrigens hielt dieser Bauer bis zur Abreise Mesmers standhaft aus. Ganz hergestellt ging er freilich nicht nach seiner Heimat; was aus ihm nachher geworden, hatte ich keine Gelegenheit zu erfahren gehabt; indessen hat er doch einen offenbaren Beweis gegeben, daß, seiner abgehärteten Beschaffenheit ungeachtet, der Magnetismus an ihm nicht unwirksam gewesen war. Und dies ist schon hinreichend, das wirkliche Dasein eines animalischen Magnetismus an den Tag zu legen; denn was kein Dasein hat, kann nicht wirken."

Die Kur von Baron de Horka vollendete Mesmer nicht, weil dieser — offenbar ein sehr verzärtelter, hysterischer Mensch — die von ersterem hervorgerufenen, heftigen Krisen scheute. — Seyfert teilt noch eine Anzahl Krankengeschichten mit, aus deren keiner jedoch die Existenz eines animalisch= magnetischen Fluidums zweifelsfrei hervorgeht; im Gegenteil hat Mesmer offenbar durch hypnotische Manipulationen der verschiedensten Art — auch durch Musik — und namentlich durch Suggestion resp. Erregung der Imagination Wirkungen hervorgerufen. Zu dieser Zeit, in welcher sich Mesmer noch der Mineralmagnete zur Verstärkung seines Einflusses bediente, trug derselbe ein mit Seide gefüttertes, ledernes Hemd, das mit Magneten in Verbindung gesetzt war, um die magnetischen Ausströmungen aus seinem Körper zu verhindern, und wandte auch bereits sein bekanntes Baquet an.

Als Mesmer nach Wien zurückgekehrt war, bekam er die damals berühmte Klavierspielerin Paradis in Behand= lung, welche ein besonderer Liebling der Kaiserin Maria Theresia und in Folge einer Lähmung der Sehnerven seit dem vierten Lebensjahre blind war. Sie war von den berühmtesten Ärzten der damaligen Zeit behandelt und für unheilbar blind erklärt worden. In Mesmers Behandlung begann der gelähmte Sehnerv wieder zu fungieren, und der Vater der Paradis sagt in einem handschriftlichem Aufsatze, welcher Kerner im Originale vorgelegen hatte, wörtlich:[1])

„Nach kurzer kräftiger magnetischer Behandlung Herrn Dr. Mes= mers fing sie nun an, die Contours der ihr vorgestellten Körper und Figuren zu unterscheiden. Der neue Sinn war aber so empfindlich, daß sie diese Dinge nur in einem sehr dunkeln, mit Fensterläden und Vorhängen wohlverwahrten Zimmer erkennen konnte. Wenn man bei ihren, schon mit einer fünffach übereinandergelegten Binde verhüllten.

---

[1]) Kerner a. a. O. S. 62 ff.

Augen mit einem angezündeten Lichte nur flüchtig vorüberfuhr, so fiel sie, wie vom Blitze gerührt, schnell zu Boden.[1] Die erste menschliche Figur, die sie erblickte, war Herr Dr. Mesmer. Sie betrachtete ihn und die verschiedenen schwankenden Bewegungen seines Körpers, die er vor ihren Augen, sie zu prüfen, machte, mit vieler Aufmerksamkeit. Sie entsetzte sich einigermaßen darüber und sprach: „Das ist fürchterlich zu sehen! Ist das das Bild des Menschen?" Man führte ihr auf Verlangen einen großen Hund im Hause vor, der sehr zahm und immer ihr Liebling war. Sie besah ihn mit gleicher Aufmerksamkeit. „Dieser Hund", sagte sie hierauf, „gefällt mir besser als der Mensch; sein Anblick ist mir weit erträglicher." Vorzüglich waren ihr die Nasen in den Gesichtern, die sie sah, sehr anstößig. Sie konnte sich darüber des Lachens nicht enthalten. Sie äußerte sich darüber folgendermaßen: „Mir kommt es vor, als wenn sie mir entgegendrohten und meine Augen ausstechen wollten." — Seitdem sie mehrere Gesichter gesehen, gewöhnt sie sich besser daran. Die meiste Mühe kostet es, sie die Farben und Grade der Entfernung kennen zu lehren, da sie in Absicht auf den neugeschaffenen Sinn des Gesichtes ebenso unerfahren und ungeübt als ein neugeborenes Kind ist. Sie irret sich nie in dem Abstand einer Farbe gegen die andere, hingegen vermengt sie deren Benennungen, besonders, wenn man sie nicht auf die Spur führt, Vergleichungen mit Farben anzustellen, die sie schon kennen gelernt hat. Bei Erblickung der schwarzen Farbe erklärt sie, das sei das Bild ihrer vorigen Blindheit. Diese Farbe erreget auch immer bei ihr einen gewissen Hang zur Melancholie, der sie während der Kur oft ergeben war. Sie brach in dieser Zeit vielfältig in plötzliches Weinen aus. So hatte sie einmal einen so heftigen Anfall, daß sie sich auf ein Sofa warf, mit den Händen rang, die Binde abriß, alles von sich stieß und unter jämmerlichen Klagen und Schluchzen sich so verzweifelnd gebärdete, daß Madame Sano oder sonst jede berühmte Aktrice kein besseres Muster zur Vorstellung einer durch den äußersten Kummer geängstigten Person hätte abnehmen können. Nach wenigen Augenblicken war diese traurige Laune vorüber und sie nahm ihr voriges gefälliges und munteres Wesen gleich wieder an, obschon sie bald darauf in den nämlichen Rückfall aufs Neue geriet. Da in den ersten Tagen des sich verbreitenden Rufes von ihrem Wieder-Sehen ein starker Zulauf von Verwandten, Freunden und von den vornehmsten Standes-Personen geschah, so wurde sie sehr unwillig darüber. Sie

---

[1] Ganz genau dieselbe Empfindlichkeit gegen Licht zeigen die Besitzer des zweiten Gesichts während desselben.

äußerte in ihrem Unmut sich einsmals wider mich: „Woher kommt es, daß ich mich jetzt weniger glücklich finde als vormals? Alles, was ich sehe, verursacht mir eine unangenehme Bewegung. Ach, in meiner Blindheit bin ich weit ruhiger gewesen!" — Ich tröstete sie mit der Vorstellung, daß ihre jetzige Bewegung allein von der Empfindung der fremden Sphäre herrühre, darinnen sie schwebe. Die neue Wesenheit, worin sie sich durch das wiedererhaltene Augenlicht versetzt fände, müsse notwendig eine niegefühlte Unruhe in ihr erregen. Sie werde aber so gelassen und zufrieden als andere werden, sobald sie des Sehens mehr gewohnt sein würde. „Das ist gut", antwortete sie, „denn sollte ich immer bei Ansichtigwerdung neuer Dinge eine der jetzigen gleiche Unruhe empfinden, so wollte ich lieber an der Stelle zur vorigen Blindheit zurückkehren." Sie hatte verschiedene Male Anwandlungen von Ohnmachten, besonders, wenn ihr nahe Verwandte oder sonst vertraute Freundinnen vorgestellt wurden. Ein Gleiches geschah bei dem Anblick der Abbildung von ihren zwei Onkeln, die beide Königlich Kayserliche Offiziere sind und gegen welche sie immer die zärtlichste Neigung getragen hat. Sie fuhr mit der Hand über die Züge der Gesichtsbildung, zog aber selbe verwundert zurück, da die Hand am glatten Glase abglitschte. Sie glaubte nämlich, daß die gemalten Züge wirklich, wie an lebenden Personen, erhaben seien. Die hohen Modehauben der hiesigen Frauenzimmer, besonders die sogenannten à la Matignon, findet sie ganz und gar nicht nach ihrem Geschmack, obschon sie vormals in ihrer Blindheit diesen Kopfputz sehr gerne trug. Ihre Meinung nach ist dieser neumodische Kopfputz unverhältnismäßig mit dem Gesicht, worin sie auch nicht ganz unrecht hat. Sie verlangte von einem anwesenden Frauenzimmer die Schleppe ihres Kleides zu sehen, wie sie im Gehen passe. Sie hatte aber ebensowenig Gefallen daran, als an den vorgenannten Modehauben. „Der Anblick dieser nachschweifenden Kleidung ist schwermütig", sagte sie. So fremd sind überhaupt ihre Ausdrücke, wenn sie noch ungesehene Dinge zuerst betrachtet. Da der neuempfangene Sinn sie in den ersten Stand der Natur versetzt, so ist sie ganz vom Vorurteile frei und benennt die Sachen bloß nach dem natürlichen Eindrucke, womit sie auf sie wirken. Sie urteilet sehr wohl von den Gesichtszügen und schließet darauf auf die Gemütseigenschaften. Die Vorweisung eines Spiegels brachte ihr viel Verwunderung; sie konnte sich gar nicht darin finden, wie es zuginge, daß die Fläche des Spiegelglases die Objekte auffangen und sie dem Auge wieder vorstellen könne. Man führte sie in ein prächtiges Zimmer, wo sich eine hohe Spiegelwand befand. Sie konnte sich darin nicht genug satt sehen. Sie machte die wunderlichsten Wendungen und Stellungen vor demselben, besonders aber mußte sie darüber lachen, daß das im Spiegel sich zeigende Bild bei Annäherung ihrer Person gegen sie trat, hingegen bei ihrer Entfernung ebenfalls zurückwich. Alle Objekte, die sie in einer gewissen Entfernung bemerket, kommen ihr klein vor, und sie vergrößern sich in ihrem Begriffe nach dem Maße, als sie ihr näher gerückt werden. Da sie mit offenen Augen einen Bissen gerösteten Brodes in ihre Chokolade tauchte und damit zum Munde fuhr, schien ihr solcher so groß, daß sie ihn nicht in den Mund bringen zu können glaubte."

„Man zeigte ihr an einem heitern Abend durch die Fenster den gestirnten Himmel. Sie drang darauf, denselben in dem Garten frei zu besehen. Man mußte ihr nachgeben und sie auf die vor dem Gebäude liegende Terrasse des Gartens führen. Hier nun zeigte sich allen Anwesenden ein beweglicher Anblick. Sie erhob stillschweigend die Hände hoch gegen den prächtig schimmernden Himmel, vermutlich aus dem Innersten des Herzens ihm das feurigste stille Dankgebet zuzusenden. Nach einigen Augenblicken rief sie aus: „O wie ernsthaft diese Sterne auf mich herabblicken!"

„Prächtiger kann wohl nichts in der Natur sein". Wenn man nirgends eine feurige Regung zur wahren Andacht gegen das oberste Wesen empfindet, so muß es gewiß hier sein, hier unter dieser hellscheinenden Decke, wo ich jetzt stehe!" — Sie wurde darauf zu dem Bassin geführet, welches sie eine große Suppenschüssel nannte. Die Spaliergänge auf beiden Seiten schienen ihr nebenher zu gehen und auf dem Rückwege nach den Zimmern glaubte sie, das Gebäude käme ihr entgegen, woran ihr die beleuchteten Fenster besonders wohl gefielen. Des folgenden Tages mußte man, um sie zu befriedigen, sie bei Tageslicht in den Garten bringen. Sie besah alle Gegenstände wieder aufmerksam, aber nicht mit so viel Vergnügen als am vorigen Abend. Sie nannte den vorbeifließenden Donaustrom einen langen und breiten weißen Streifen. Sie deutete genau die Orte an, wo sie den Anfang und das Ende des Flusses sah. Die in einer Entfernung von etwa tausend Schritten jenseits des Flusses stehenden Bäume der sogenannten Praterau glaubte sie mit ausgestreckten Händen berühren zu können. Da es ein heller Tag war, konnte sie das freie Sehen im Garten nicht lange aushalten. Sie selbst verlangte, ihre Augen wieder zu verbinden, weil die Empfindung des Lichtes ihrem schwachen Sinne noch zu scharf ist und ihr einen Schwindel verursacht. Ist sie nun wieder verbunden, so getraut sie sich ohne Führung keinen Schritt vorwärts zu thun, da sie doch vormals in ihrer Blindheit in dem ihr bekannten Wohnzimmer umhergegangen ist. Die neue Zerstreuung der Sinne verursacht, daß sie beim Klavier schon mehr Nachsinnen beobachten muß, um ein Stück zu spielen, da sie vordem große Konzerte mit der größten Richtigkeit fortspielte und zugleich mit den Umstehenden sich im Gespräche unterhielt. Mit offenen Augen wird es ihr jetzt schwer, ein Stück zu spielen. Sie beobachtet alsdann ihre Finger, wie sie über die Klaviere weggaukeln, verfehlt aber dabei die meisten Claves."

Soweit der eigenhändige Bericht des Vaters der Paradis über die, wie aus allen Einzelheiten hervorgeht, zweifellose, zeitweise Heilung seiner Tochter. Die Wiener medizinische Fakultät sandte eine Deputation, an deren Spitze der berühmte Mediziner und Botaniker von Störck stand, um sich von der Thatsache zu überzeugen, welche sie auch anerkannte.[1] Auch der Professor der Anatomie Barth untersuchte die Paradis zweimal und erklärte sie für sehend. Als aber der Vater der Paradis den Vorfall in den Zeitungen bekannt machte und Barth infolgedessen als renommierter Augenarzt die Konkurrenz zu fürchten begann, erklärte er, die Paradis sei noch als blind zu betrachten, „weil sie die Namen der ihr vorgelegten Dinge oft nicht wußte, oft verwechselte." Barth gesellte sich zu einem anderen neidischen Arzt, Dr. Ingenhaus, und dem prinzipiellen Gegner Mesmers, weil dieser ihn in der magnetischen Heil= methode übertroffen hatte, dem Jesuitenpater Hell, welche nun Mesmer auf alle Weise schikanierten. Sie verhinderten, daß dieser seine geheilte Patientin der Kaiserin Maria Theresia vorstellen durfte, und logen den geizigen Eltern der P. vor, daß die Kaiserin der Paradis die ausgesetzte Pension entziehen würde, wenn diese ihr Gesicht wieder erhalte, wes= halb diese aussprengten, daß sie wieder erblindet sei. In Folge dieser Hetzereien drang der Vater der Paradis sogar mit gezogenem Degen bei Mesmer ein, um seine Tochter gewaltsam wegzuholen, und die Mutter mißhandelte sie, als sie nicht folgen wollte, derartig, daß sie in Krämpfe verfiel. wieder erblindete, und, als Hell und Genossen einen Aus=

---

[1] Kerner a. a. O. S. 69 ff.

lieferungsbefehl der Medizinalbehörde erschlichen hatten, nicht
aus dem Hause geschafft werden konnte, sondern noch vier
Wochen bei Mesmer verbleiben mußte, der die erneute
Blindheit nach vierzehntägiger Behandlung wieder beseitigte.

Diese Vorfälle hatten Mesmer den Aufenthalt in Wien
verleidet. Er siedelte nach München über, wo er zum Mit=
glied der Akademie der Wissenschaften ernannt wurde, und
reiste 1778 durch die Schweiz nach Paris.

Viertes Kapitel.

Mesmers erster Aufenthalt in Paris und der Streit
über seine Entdeckung.

Mesmer beabsichtigte in Paris die Akademie der
Wissenschaften wie die Ärzte überhaupt für seine Entdeckung
zu gewinnen. Bereits im Jahre 1775 hatte er nämlich ein
dieselbe betreffendes Sendschreiben an die berühmtesten
Akademien abgesandt, ohne von einer andern als der
Berliner einer Antwort gewürdigt zu werden. Und auch
die Antwort der Berliner Akademie konnte Mesmer nicht
befriedigen, denn dieselbe verwechselte den animalischen
Magnetismus mit dem mineralischen und orakelte, daß die
Erscheinungen bei nervenkranken Personen sehr zweifelhafte
Beweise für die magnetische Kraft gäben; daß der Verdacht
gegen den tierischen Magnetismus noch durch den Umstand
verstärkt werde, daß die Empfänglichkeit für dieses Agens
mit der Krankheit aufhören solle, und daß es allen bekannten
Gesetzen der Natur widerspreche, wenn sich die magnetische
Kraft allen Körpern mitteilen lasse.[1] Der Prager Professor der Medizin Joh. Thadd. Klinkosch meinte dagegen,
wenn die Thatsachen richtig seien, so müsse man eher auf
die Mitteilung einer elektrischen als magnetischen Kraft

---

[1] Histoire de l'acad. roy. des sciences à Berlin a 1775, p.
33 ff. —

schließen, und bemühte sich, diese seine Meinung durch
Versuche mit der Voltaschen Elektrophor darzuthun.[1] —
Diesem ablehnenden Verhalten der deutschen Akademien hoffte
Mesmer nun dadurch zu begegnen, daß er die damals ton-
angebende Pariser Akademie für sich zu stimmen gedachte.

In München überzeugte Mesmer den Kurfürsten Maxi-
milian III. Joseph durch seine Experimente von der Thatsächlichkeit des animalischen Magnetismus und heilte den
Direktor der Akademie, von Osterwald, von einer nach
einem Schlagfluß zurückgebliebenen Lähmung.[2] Von dort
begab er sich, wie bereits gesagt, nach Paris, woselbst er im
Februar 1778 ankam.

Hier gedachte sich Mesmer anfänglich nicht mit Kurieren
zu befassen, weil die Ärzte wenig Verständnis für seine
Lehren zeigten und der Professor Charles Leroy (1726—
1779) alle magnetische Einwirkung auf Leidende deren Einbildungskraft zuschrieb. Auch soll es an Kranken gefehlt
haben, welche sich der magnetischen Behandlung unterwarfen.
Die medizinische Fakultät und medizinische Gesellschaft wollten
eine Kommission ernennen, um Mesmers System und Methode
zu untersuchen; allein derselbe lehnte jede Kommission ab,
damit es nicht den Anschein gewinne, als sei er ein mit
Arcanen kramender Charlatan. Auch sprach er — und das
wohl mit Recht — den Pariser Gelehrten alle Fähigkeiten
ab, sein System zu beurteilen, weil es gegen deren herge-
brachten Meinungen verstoße. Doch zog er im Mai 1778
nach Creteuil bei Paris und lud die Ärzte ein, Zeugen
seiner mit einer Mademoiselle L. vorgenommenen Operationen
zu sein, verbat sich aber jedes schiedsrichterliche Urteil und
jede kommissarische Untersuchung, weil die Kranke durch die

[1] „Abhandlung einer Privatgesellschaft in Böhmen." Bd. 2,
S. 171.

[2] Vgl. Mesmer: Mémoire sur la de couverte du magnetisme
animal. 1779. S. 38.

Unterhaltung mit den Kommissären — Daubenton, Poiſſonier, Desperrières, Maudubt, Andrb, Teſſier und Vicq d'Azbr waren dazu ernannt worden — zu ſehr aufgeregt würde.[1])

Im September des gleichen Jahres lernte Mesmer Charles d'Eſlon, Leibarzt des Grafen von Artois und Mitglied der mediziniſchen Fakultät, kennen, bei welchem er große Empfänglichkeit für ſeine Lehren fand. Er ſchloß intime Freundſchaft mit demſelben, teilte ihm ſeine Theorie und therapeutiſche Methode mit und veröffentlichte ſein „Mémoire de Mr. Mesmer sur la découverte du magnétisme animal," worin er u. a. in 27 Lehrſätzen, auf die wir zurückkommen werden, ſein Syſtem darſtellt.

Während dieſer Zeit erhielt Mesmer mehr Patienten und d'Eſlon trat nun für ihn in die Schranken. Derſelbe lud zwölf Pariſer Ärzte ein, um ihnen Mesmers Theorie mitzuteilen und ſie zu Zeugen der magnetiſchen Kuren zu machen. Allein nur drei folgten ſeinem Ruf, nämlich die Ärzte Malloët, Bertrand und Sollier de la Romillais, welche ſich den erzielten Reſultaten gegenüber ſehr ſkeptiſch ver=hielten. Im folgenden Jahre gab d'Eſlon ſeine „Observations sur le magnétisme animal" heraus, worin er die Reſultate von Mesmers mündlichem Unterricht bekannt macht und im Sinne von Paracelſus und Maxwell über den Magnetismus als Univerſalheilmittel ſagt:

„Wie es nur eine Natur, ein Leben und eine Geſundheit giebt, ſo giebt es auch nur eine Krankheit, ein Heilmittel und eine Heilung. Wenn die Aktion der Natur regelmäßig iſt, ſo iſt der Menſch geſund: ſetzen ſich dieſer Aktion Hinderniſſe entgegen, ſo ſtrengt ſich die Natur an, ſie zu überwinden. Deshalb erfolgen Kriſen, die bald heilſam, bald ſchädlich ſind, je nachdem der Erfolg glücklich oder unglücklich für die Natur ausfällt. Jedem dieſer Zufälle haben die Ärzte einen eigenen Namen gegeben und ſie als ebenſo viele Krankheiten erklärt. Der Wirkungen giebt es unzählige, aber die Urſache iſt immer dieſelbe; alle,

---

[1]) Lettre de Mr. Mesmer à Mr. Vicq d'Azyr et à M. M. les auteurs du Journal de Paris, Bruxelles 1784, 8⁰. p. 16 ff.

auch noch so verschiedene Heilmittel bewirken dasselbe, und man kann nicht anders als durch Erregung von Krisen heilen. Deshalb muß man bei Epileptischen die Anfälle erwecken, um sie zu kurieren. Der größte Vorteil des animalischen Magnetismus besteht in der Beschleunigung der Krisen, ohne daß daraus Gefahr entspringt."

Die Akademie fühlte sich durch d'Eslons Stellungnahme auf das Höchste beleidigt, und deren Mitglied Roussel de Vauzesmes verlas am 18. September 1780 eine Auflage= schrift gegen d'Eslon. Allein dieser verteidigte sich und teilte Mesmers Vorschlag mit, die Fakultät möge eine ge= wisse Anzahl Kranke wählen, deren eine Hälfte sie selbst kurieren, deren andere aber Mesmer zur Heilung übergeben werden sollte, um aus dem Vergleich der Erfolge über den Wert der Mesmerschen Entdeckung zu urteilen. Die Fakul= tät verwarf diesen Vorschlag, entzog d'Eslon auf ein Jahr das Stimmrecht und drohte mit Ausschluß, falls er in dieser Zeit seine Ansichten über das Mesmersche Heilsystem nicht widerrufe.[1]

Während dieser Vorgänge suchten Mesmer und d'Eslon durch den Leibarzt de Lasône mit dem Hofe Verbindungen anzuknüpfen, und Mesmer bat aufs Neue um Zeugen seiner Kuren, verwarf aber die von de Lasône aufgestellten und wollte am 15. April 1781 Frankreich verlassen. Allein Maria Antoinette, welche durch die Gemahlin des königlichen Intendanten de la Porte mit Mesmer bekannt geworden war, bat ihn um sein Bleiben. Die Unterhandlungen be= gannen von neuem und der Minister Breteuil sicherte Mes= mer einen Jahresgehalt von 40000 Livres zu, wenn er bleibe und drei von der Regierung zu ernennende Ärzte in seiner Heilmethode unterrichte. Doch Mesmer ließ sich auf diesen Vorschlag nicht ein,[2] und d'Eslon trennte sich von

---

[1] Mesmer: Kurze Geschichte des tierischen Magnetismus. Karls= ruhe 1783. 8⁰. S. 351.

[2] A. a. O. S. 389.

seinem Lehrer, weil er genug gelernt zu haben glaubte, um unabhängig magnetische Kuren ausführen zu können.

Diese Handlung d'Eslons führte bittere Feindschaft zwischen ihm und Mesmer herbei, welcher aus Verdruß Paris verließ und sich eine Zeit lang in Spaa aufhielt. Unterdessen erließen Mesmers Freunde, einen gewissen Bergasse an der Spitze, durch ganz Frankreich einen Aufruf zu einer Subskription für die Errichtung einer magnetischen Heilanstalt. In einem in Mesmers Nachlaß vorgefundenen Exemplar dieses Aufsatzes wird gesagt, derselbe sei erlassen worden, um einen schändlich verfolgten Mann vor dem Schicksal zu schützen, das ihm der blinde Haß seiner Feinde vorbereitet habe. Es wird zur Bildung von Vereinen auf= gefordert, welche sich der Lehre Mesmers durch ihre Aus= übung annehmen sollen u. s. w. — Der Aufruf war von solchem Erfolg begleitet, daß zu den genannten Zwecken mehr als eine halbe Million Francs gezeichnet wurden, welche Mesmer zur Errichtung von magnetischen Heil= und Lehranstalten verwendete, worin die Kranken unentgeltlich Pflege genossen und Anhänger Mesmers theoretischen und praktischen Unterricht in Mesmerischen System erhielten. Zuerst vereinigten sich in Paris 48 Personen, darunter vier Ärzte, deren jede hundert Louisdor für den Unterricht be= zahlte und heiliges Stillschweigen versprach. Als sich die Mitgliederzahl auf 103 vermehrt hatte, gab sich die Gesell= schaft den Namen des „Ordens der Harmonie" und konsti= tuierte sich nach den Grundsätzen der von den spätern Rosen= kreuzern beeinflußten Maurer von der strikten Observanz. — Nach und nach entstanden über zwanzig dieser Gesellschaften für Harmonie in Frankreich, deren wichtigste die Straßburger wurde, auf welche aber Mesmer, wie wir sehen werden, nicht gut zu sprechen ist.[1]

---

[1] Kerner a a. O. S. 74; Sprengel: Geschichte der Medizin, Bd. 5, S. 659.

Nun begann Mesmer mit der Einrichtung seines be=
kannten Baquets, um welches die Kranken eine Kette bildeten,
indem sie sich an Daumen und Zeigefinger hielten und die
Konduktoren des Baquets auf die leidenden Teile richteten,
während durch Klavierspiel eine harmonische Stimmung
hervorgerufen wurde. Auch d'Eslon richtete ein Baquet ein,
und beide hatten einen solchen Zulauf, daß Mesmer binnen
kurzem 400000 Francs einnahm, wozu der Anschluß der
beiden an die Rosenkreuzer, Maurer von der strikten Obser=
vanz und ähnliche Geheimbünde nicht wenig beitrug. [1]

Noch mehr stieg Mesmers Ruhm, als der königliche
Censor und Präsident des Pariser Museums Court de Gebelin
eine Schrift herausgab, in welcher er sich als von Mesmer
geheilt erklärte. [2] Allerdings starb Gebelin nicht lange
darauf, was als ein Beweis für Mesmers Charlatanerie
ausgegeben wurde. Da aber die Sektion eine hochgradige
Desorganisation der Nieren ergab, so wird in Wahrheit
Mesmer wohl die schnellen Fortschritte der Krankheit haben
hemmen, aber an Stelle des zerstörten Organes kein neues
haben einsetzen können. [3]

Auf Befehl Ludwigs XVI. wurde 1784 von der Aka=
demie der Wissenschaften und der medizinischen Gesellschaft
je eine Kommission zur Untersuchung des animalischen Mag=
netismus und der magnetischen Kuren ernannt, welche sich
von Seiten der Akademie aus den Mitgliedern Franklin,
Leroy, Bailly, de Bory und Lavoisier, seitens der medizi=
nischen Fakultät aus den Ärzten Bovie, Majault. Sallin,
d'Arcet und Guillotin, seitens der medizinischen Gesellschaft

---

[1] Sprengel a. a. O. S. 660.

[2] Der Titel dieser Schrift ist: Lettre de l'auteur du monde
primitif à M. M. res souscripteurs sur le magnétisme animal. Ed.
Paris 1784, 4⁰.

[3] Vgl. Sprengel a. a. O. S. 661.

endlich aus den Ärzten Poisonnier, Desperrières, Caille, Maubuyt, Andry und Jussieu zusammensetzten. Anstatt daß nun die Kommissäre mit Mesmer und dessen Kranken operiert hätten, fingen sie im April 1784 am Baquet d'Eslons zu manövrieren an, und verließen auch dieses, um mit isolierten Kranken Versuche zu machen. Sie sagen darüber selbst![1])

„Die Kommissäre kamen bald zu dem Urteil, daß die öffentliche Behandlung nicht der Ort ihrer Erfahrungen werden konnte. Die Vielheit der Wirkungen ist ein Hindernis ersten Ranges; man sieht zu viel Dinge auf einmal, um ein besonderes genau zu sehen. Außerdem könnten distinguierte Kranke, welche zur Behandlung kommen, durch die Fragen belästigt werden. Ihre aufmerksame Beobachtung könnte sie genieren oder ihnen mißfallen, und auch die Kommissäre selbst würden durch ihre (zu beobachtende) Diskretion geniert. Sie haben also festgestellt, daß ihre beständige Anwesenheit bei der Behandlung nicht nötig sei, daß es genüge, wenn einige von Zeit zu Zeit kämen, um die ersten allgemeinen Beobachtungen zu bestätigen, um neue zu machen."

Was bei dieser Art Untersuchung herauskam, liegt auf der Hand, und da die Kommission ohnehin schon mit einem ungünstigen Vorurteil an die Arbeit ging, mußte das Gutachten natürlich gegen Mesmer ausfallen. Trotzdem heißt es im Rapport der Akademie.[2])

„Nichts ist erstaunlicher als das Schauspiel der Konvulsionen. Wenn man sie noch nicht gesehen hat, so kann man sich keinen Begriff davon machen, und wenn man sie sieht, so ist man gleichmäßig erstaunt sowohl über die tiefe Ruhe eines Teiles der Kranken, als über die Aufregung, welche die anderen belebt, über die verschiedenen Zufälle, welche sich wiederholen und die Sympathien, welche sich geltend machen. Man sieht Kranke, welche einander beständig aufsuchen und sich anlächeln, indem sie von dem einen zum andern stürzen, welche mit großer Bestimmtheit sprechen und deren Krisen sich eventuell mildern. Alle sind dem unterworfen, welcher sie magnetisiert; sie führen ein schönes Dasein in einem scheinbaren Schlummer, aber seine Stimme, ein Blick, ein Zeichen entreißt sie demselben. Man kann sich nicht enthalten, in diesen beständigen

---

[1]) Rapport des commissaires, chargés par le Roy, de l'examen du magnétisme animal. Paris, 1784, 8⁰, p. 7 u. 8.

[2]) A. a. O. S. 8.

Wirkungen eine große Gewalt anzuerkennen, welche die Kranken bewegt, sie beherrscht, und deren Verwahrer der Magnetiseur zu sein scheint."

Nachdem die Kommissäre diese heute allbekannten Er= scheinungen bongré malgré anerkannt haben, leugnen sie die Existenz eines allgemein verbreiteten Fluidums, weil man sich durch keinen Sinn unmittelbar davon überzeugen könne. Der glückliche Erfolg der magnetischen Kuren könne, wie Mesmer selbst anerkenne, ebensowenig davon zeugen. Sie wollten also die Wirkungen des Magnetismus auf den menschlichen Körper zuerst an sich selbst erproben, nähmen sich aber dabei vor, nicht zu aufmerksam auf sich zu sein, weil auch der gesundeste Mensch normale Empfindungen habe, wenn er anhaltend an seinen innern Zustand denke.

Sie richteten sich also bei d'Eslon ein eigenes Zimmer und Baquet ein, worin sie wöchentlich 2¹/₂ Stunde lang von d'Eslon oder einem seiner Schüler magnetifiert wurden und alsdann versicherten, nie auch nur das mindeste empfunden zu haben; auch sei die Migräne eines Kommissärs in keiner Weise gebessert worden. Endlich schließen sie sehr voreilig, daß die Imagination die Ursache etwa beobachteter Wirkungen sei, aus dem Umstand, weil die Kranken angeblich das Gleiche wie bei wirklichen Manipulationen fühlten, wenn man ihnen die Augen verband und ihnen vorspiegelte, daß sie magne= tifiert würden. Weil d'Eslon u. a. behauptete, daß magne= tifierte Bäume gleich dem Baquet auf die Kranken wirkten, so führte man einen jungen Menschen mit verbundenen Augen zu nicht magnetifierten Bäumen, von denen er jedoch glaubte, daß sie magnetifiert wären, und derselbe verfiel in Krisen. Obschon nun längst bekannt war, daß die Einbildung auf die Entstehung und Heilung von Krankheiten wirkt und dieser Umstand nicht das mindeste für oder gegen den ani= malischen Magnetismus beweist, so waren obige Erfahrungen doch für die Kommission der Akademie hinreichend, denselben auf Einbildung und Nachahmungstrieb zu reduzieren, sowie

den auch gegen Hypnotismus neuzeitlich hervorgesuchten Ein=
wand zu erheben, daß die Art der Berührung, des Reibens
und Drückens sehr empfindlicher Stellen von großer Wichtig=
keit sei, und endlich den Magnetismus für ein Unding, die
magnetischen Kuren für Wirkungen der Imagination, für
sehr bedenklich und auch gefährlich zu erklären.

Dieser Art ist das berühmte Gutachten der akademischen
Kommission, welches noch jetzt Professor Mendel als Trumpf
gegen den animalischen Magnetismus ausspielte! Wenn
Professor Mendel endlich Franklins angebliche kommissarische
Thätigkeit hervorhebt, so ist dagegen einzuwenden, daß der
damals schon sehr leidende Amerikaner so gut wie keinen
Anteil an den Arbeiten nahm, wie der Mesmer keineswegs
freundlich gesinnte Sprengel in seiner Geschichte der Medizin [1])
selbst zugiebt.

Auf gleicher Stufe wie das Gutachten der Akademie
steht das der Kommission der medizinischen Gesellschaft [2]),
welches durch folgende Stelle [3]) charakterisiert sein mag:

Wir haben diejenigen Thatsachen vernachlässigt, welche selten, un=
gewöhnlich und wunderbar sind; bei denen der Wiedereintritt konvulsi=
vischer Bewegungen durch die Richtung des Fingers oder eines Konduk=
tors gegen die Lehne eines dickgepolsterten Sessels, durch eine Thür, eine
Mauer, hervorgerufen würden; Empfindungen, welche durch Annäherung
an einen Baum, ein Bassin, einen Körper oder vorher magnetisiertes
Terrain erzeugt wurden. — Wir haben unsere Aufmerksamkeit nicht auf
solche seltene, ungewöhnliche, extraordinäre Fälle richten zu müssen ge=
glaubt, welche allen physikalischen Gesetzen zu widersprechen scheinen, weil
diese Fälle immer Resultate komplicirter, veränderlicher, verborgener,
unentwirrbarer Ursachen oder solcher sind, die von den Umständen des
Augenblicks, des Ortes und der Moral oft mehr als von der Physik
abhängen, infolgedessen man nichts über diese Fakta beschließen kann,

---

[1]) Bd. V., S. 662.
[2]) Rapport des commissaires de la soc. roy. de médicine nommés
par le Roy pour faire l'examen du magnétisme animal. Paris,
784, 4⁰.
[3]) A. a. O., S. 21.

und es unmöglich ist, ein endgültiges Urteil über ihre Realität und Ursachen zu fällen."

Gegen dieses Gutachten erhob zuerst d'Eslon seine Stimme und tadelte in seiner Kritik der Berichte[1]) zuerst, daß die Kommissionen physikalische Beweise für die Existenz eines magnetischen Fluidums erwartet hätten, während kein einfaches Naturprinzip den Sinnen wahrnehmbar dargestellt werden könne; dann erhebt er, einen Unterschied zwischen seiner und Mesmers Methode machend, den Vorwurf, daß die Kommissäre die genaue Beobachtung der von ihnen selbst ihm übergebenen Kranken nicht lange genug fortgesetzt hätten. Sie hätten selbst bezeugt, daß mehrere Kranke durch sein Verfahren geheilt worden seien und kämen nun nachträglich mit der Ausflucht, daß die Natur oft allein die Krankheiten heile; aber durch diesen Gemeinplatz könne man auch alle Kuren der Schulmedizin als nichtig darstellen. Die Kommissäre versicherten mit Unrecht, daß sie nichts empfunden hätten, weil sie erstens gesund gewesen wären und der Magnetismus nur bei Kranken seine volle Wirkung äußere; zweitens aber hätten sie es an der nötigen Aufmerksamkeit fehlen lassen, und vier Mitglieder hätten widerwillig zugestehen müssen, daß sie doch etwas gefühlt hätten. Wenn man endlich zur Einbildungskraft seine Zuflucht nehme, so frage es sich, wo= durch diese wirke, und es sei nicht unmöglich, daß ihre Wirkung durch die Strömung eines magnetischen Fluidums erzeugt werde. Zum Schluß beschuldigt d'Eslon die Kommissäre der medizinischen Gesellschaft eines offenen Widerspruchs, weil nämlich im Jahre 1783 sich die Ärzte Andry und Thouret im Namen eben dieser Gesellschaft sich für die Existenz eines magnetischen Fluidums ausgesprochen hätten.[2])

---

[1]) Observations sur les deux rapports de 1919, le commissaires, nommés par S. 19 pour l'examen du magnétisme animal. 1784, 4⁰.

[2]) Dies geschah jedoch schon 1776 in den Mémoires de la société de médicine.

Auch ein anonymer Schriftsteller griff die Kommissionen wegen ihrer ungenauen Beobachtung, unrichtiger Darstellung und Widersprüche an. Die beste Gegenschrift ist jedoch die genaue und gründliche Zergliederung der Berichte durch Jean Baptiste Bonnefroy, (gestorben als Wundarzt zu Lyon 1790) worin eine Anzahl Wiedersprüche, Irrtümer und Folgewidrigkeiten der Kommissäre aufgedeckt und 111 Certifikate von d'Eslon geheilter Kranker beigebracht werden.[1] Auch der Arzt Jean Louis Varnier tadelte in einer besonderen Schrift die Gewissenlosigkeit der Kommissionen bitter.[2]

Mesmer selbst begnügte sich damit, gegen die Folgerungen zu protestieren, welche aus dem Urteil der Kommissäre über d'Eslons Verfahren auf den Wert seines eigenen Systems gezogen werden könnten,[3] wobei er von dem Doktor der Sorbonne Harvier unterstützt wurde, den Mesmer von einer gefährlichen Krankheit geheilt hatte.[4]

Die medizinische Fakultät ging nun energisch gegen die dem Mesmerismus anhängenden Ärzte vor, forderte 21 ihrer Mitglieder, die sich von d'Eslon hatten unterrichten lassen, vor ihren Richterstuhl und ließ sich unter Androhung der Entziehung der Erlaubnis zu praktizieren angeloben, sich des Magnetisierens zu enthalten. Dies Gelöbnis legten 17 der

---

[1] Analyse raisonnée des rapports des commissaires etc., Lyon 1784, 8⁰.

[2] Mémoire pour M. Ch. L. Varnier contre les doyens et docteurs etc. 1785.

[3] Lettre de Mr. Mesmer à Mr. Vicq d'Azyr et à M. M. les commissaires etc. Amsterd. 1784, 4⁰.

[4] Lettre à Mr. Court de Gebelin sur la découverte du magnétisme animal. Peckin 1784, 4⁰.

21 Ärzte ab, und nur Dr. Thomas d Onglée hatte den Mut, gegen diese Ketzerrichterei zu protestieren.[1])

Der Hauptgegner der Akademie und medizinischen Fakultät erstand aber in einem Mitglied der Kommissionen, in be Jussieu, bei welchem wir länger verweilen müssen.

---

[1]) Rapport au public de quelques abus, auxquels le magnétisme animal a donné lieu, par Thom. d'Onglée, Dr. de la Faculté, Paris 1785, 8⁰.

Fünftes Kapitel.

Jussieus Eintreten für den Mesmerismus, Puységur und die Entdeckung des Somnambulismus.

Adrien Laurent de Jussieu, geboren am 12. April 1748 zu Lyon, studierte Medizin und fungierte von 1770 bis zum Jahre 1785 als Professor der Botanik am Jardin des Plantes in Paris, wurde unter Napoleon Rat an der kaiserlichen Universität und nach der Restauration Professor der Arzneimittellehre an der medizinischen Fakultät und der Botanik am Museum der Naturgeschichte. Am bekanntesten ist de Jussieu durch die Ausbildung des von seinem Oheim Bernard de Jussieu (1699—1777) aufgestellten, in den Grundzügen noch heute geltenden natürlichen Systemes in der Botanik. Er starb am 17. September 1836 zu Paris.

De Jussieu war also, wie gesagt, der Kommission zuerteilt worden, war aber mit dem ebenso leichtfertigen als übelwollenden Verfahren seiner Kollegen nicht einverstanden, unterschrieb deren Rapport nicht, untersuchte selbst und gab ein eigenes Gutachten heraus[1]. Aus diesem sehr wichtigen, äußerst selten gewordenen und von der Schulmedizin geflissentlich ignorierten Aktenstück teile ich das Wesentlichste ausführlich mit: .

---

[1] Rapport de l'un des commissaires, chargés par le Roi de l'examen du magnétisme animal. Paris, 1784, 4.

„Ich wurde am 5. April 1784 vom König ernannt, um die Lehre, das Verfahren und die Wirkungen des animalischen Magnetismus bei Herrn d'Eslon mit zu prüfen. Der Bericht der Herren Maudunt, Andry und Caille, welche meine Mitkommissäre waren, wurde von mir aus Motiven nicht unterzeichnet, von welchen ich hier Rechenschaft gebe, damit man mir keine falschen andichte."

„Von unserer Kommission schien man nicht ein simples Urteil zu fordern, welches sich auf einige isolierte Thatsachen stützte, sondern eine gründliche Auseinandersetzung zahlreicher und mannigfaltiger Versuche, die fähig wären, die Sache selbst aufzuklären und die Behörden wie das Publikum in ihrem Urteil zu leiten."

„Die Freunde des Magnetismus nehmen eine große Kraft, ein allgemeines Fluidum an, das in der ganzen Natur existiert, welches in beseelten Körpern das Prinzip des Lebens ist, sich anderen Körpern mitteilen kann und dadurch mehr oder weniger bemerkbare Effekte hervorbringt. — Diese Wirkungen setzen, wenn sie Thatsachen sind, eine bestimmte Aktion und ein thätiges Wesen voraus und können für den Körper, der sie empfindet, entweder nützlich, schädlich oder gleich= gültig sein."

„Der Hauptgegenstand der Thätigkeit der Kommissäre mußte wohl dieser sein: Die Wahrheit der Thatsachen zu bestätigen, deren unmittelbare Ursache aufzusuchen und den medizinischen Nutzen derselben zu bestimmen. Wir haben bei d'Eslon einen Teil dieser Wirkungen zu wiederholten Malen und unter ver= schiedener Gestalt unter unsern Augen entstehen sehen."

„Das Baquet, dessen eiserne gekrümmte Stäbe gegen die Kranken gerichtet sind, eine Schnur, die sie verbindet, und ein kleiner Stab oder Konduktor sind die bekannten Werkzeuge der Magnetiseure, welchen diese die Eigenschaft beilegen, daß in der Luft enthaltene Fluidum zu konzen= trieren, es jedem Individuum mitzuteilen und von einem zum andern zirkulieren zu lassen. Diese Aktion wird noch durch die eigentlichen magnetischen Behandlungen vermehrt, welche bald in Verbindung mit jenem Apparat, bald auch nur allein vorgenommen werden. Diese Behandlung besteht im Reiben, in bloßer Berührung, in der Bewegung des Konduktors oder eines Fingers vor der magnetisierten Person. Unter den daraus entstehenden Wirkungen sind einige innerliche, wie z. B. eine an dem Teil des Körpers empfundene Wärme, der mit den Stäben des Baquets in Berührung ist, oder des Wohlseins und Un= wohlseins, welches durch die geschilderte Behandlung erregt wird. Andere

Wirkungen sind äußerliche und geben sich durch Gähnen, Feuchtigkeit, Schweiß, Thränen, Lachen, Unruhe, leichtere und schwerere Konvulsionen, Schlaf, Verlust der Sinne und Ausleerungen aller Art kund."

„Man hat uns mit der Art und Weise des Verfahrens bekannt gemacht, so daß wir dadurch ähnliche Erscheinungen hervorrufen konnten."

„Einige von uns handelten selbst, andere begnügten sich, Zuschauer und Beurteiler zu sein. Die von uns selbst hervorgebrachten Wirkungen konnten nun nicht geleugnet werden; aber da sie nicht immer die nämlichen und mit unserer Art zu operieren überein= stimmend waren, so ließ sich eine veränderliche Ursache vermuten. Nach der Angabe der Verteidiger dieser Lehre ist diese Ursache ein Fluidum, das in allen lebenden Körpern verteilt ist und durch alle Punkte der Oberfläche entflieht. Die Existenz desselben mußte bewiesen werden.

Physische Proben derselben konnte uns Herr d'Eslon nicht geben, weil das Fluidum, wie er sagte, durch kein Mittel sichtbar zu machen ist, und folglich die an lebenden Körpern hervorgerufenen Wirkungen der einzige Beweis seiner Existenz sind. — Die Gegner konnten nun die Wirkungen etwa dem Eindruck zuschreiben, der durch ein unmittel= bares Berühren hervorgebracht wurde, oder, wenn diese Wirkungen in seltenen Fällen auch ohne Berührung geschahen, so konnte man noch immer eine mehr oder weniger erhöhte Einbildungskraft annehmen. Man muß also bei den entscheidenden Versuchen alles Reiben unterlassen. Das Berühren durch eine breite Fläche oder starken Druck mußte auch vermieden werden, weil es einige Ähnlichkeit mit dem Reiben hat; aber eine leichte Berührung mit der Fingerspitze oder der Spitze des Kon= duktors konnte erlaubt werden; es hat aber auch diese noch nicht den Wert wie die Behandlung ohne Berührung. Wesentlich ist auch die Vorsicht gegen Imagination. Man operiere also teils ohne Wissen der Personen, teils wähle man sich zu solchen Versuchen Kinder, Personen, die ihrer Vernunft beraubt sind, oder selbst Tiere. Ohne diese Vorsicht würden die Gegner alles der Einbildungskraft zuschreiben, obgleich die Verteidiger mit gleichem Recht behaupten können, daß diese Meinung ebensowenig gegründet sei, wie die Hypothese eines allgemeinen magne= tischen Fluidums."

„Da man ferner behauptet, daß die Kraft sich nicht bei jeder Person gleich zeige, sondern daß sie bei sein organisierten Kranken merklicher wirke, so folgt daraus, daß, wenn Versuche bei ganz Gesunden oder geringgradig Kranken gemacht werden, und diese Personen keine Empfindungen haben, dieser Umstand noch nichts entscheide. Diese

negativen Beweise sind nur so lange geltend, bis man ihnen Gegen=
beweise entgegenstellt. Als wahr aufgestellte positive Thatsachen müssen
auf eine andere Art angegriffen werden. Der erste Ort, hierüber Er=
fahrungen zu sammeln, sind wohl die öffentlichen Krankensäle, wo viele
Kranke bei einander sind und man so vieles sehen kann, wo man nach
und nach alle Details der Behandlung erkennen, alle Nuancen und Ver=
änderungen empfinden und — mit einem Wort — alle diejenigen Effekte
aufzeichnen kann, welche der methodischen Bestätigung wert sind. Auf
diese erste Prüfung folgen dann einzelne oft wiederholte Versuche, um
dadurch die vornehmsten vorhin beobachteten Fakta zu bestätigen. Dem=
zufolge besuchte ich den Krankensaal des Herrn d'Eslon, operierte, um
alle Täuschung zu vermeiden, selbst und verwendete ungeachtet meiner
öffentlichen Beschäftigungen und Arbeiten viel Zeit darauf. Von den
Kommissären wurden von Zeit zu Zeit einige Versuche gemeinschaftlich
gemacht, die ihnen schon hinreichend erschienen, darauf ein Urteil zu
gründen, welches ich nicht unterschrieben habe. Ich liefere hier in Ver=
bindung mit jenen gemeinschaftlichen Versuchen meine für mich allein
beobachteten Fakta kurz und unparteiisch. Vielleicht können sie zur
Basis einfacher Folgerungen nach den Grundsätzen der Physik dienen."

„Ich bilde drei Klassen von Thatsachen: 1. allgemeine und posi=
tive, von denen man vielleicht die wahre Ursache nicht angeben kann;
2. negative Fakta, die nur die Nichtwirkung eines Fluidums zu bestätigen
scheinen; 3. positive oder negative Fakta, welche der Einbildungskraft
allein zugeschrieben werden können; 4. positive Fakta, die offenbar eine
andere, wirkliche Kraft erfordern."

„I. Allgemeine Fakta. Die Kranken versichern, daß die eisernen
Stäbe des Baquets, eine sehr sanfte Berührung, ein gegen sie gerichteter
Konduktor oder Finger in den magnetisierten oder andern Teilen eine
Wärme, in seltenen Fällen eine Art Kälte, bald einen Schmerz, bald
andere bestimmte Empfindungen hervorbringen. Einige empfindlichere
Personen glauben diesen Einfluß des Fingers oder des Konduktors schon
auf beträchtliche Entfernungen zu empfinden, sowie auch die Kraft des
sie fixierenden Auges oder der Kette. Ihnen entgegengehaltene Körper
haben für sie in gewisser Richtung einen besonderen Geruch, der bei
einer veränderten Richtung sich ändert. Da dies alles innerliche
Wirkungen sind, so lassen sie sich nicht wohl vom Beobachter verifizieren.
Die gewöhnlichsten äußeren Veränderungen sind: Gähnen; bei einigen,
namentlich bei Frauenspersonen, entstehen bei fortgesetzter Behandlung
nach und nach Unruhe, konvulsivische Bewegungen, die von kürzerer
oder längerer Dauer, anfangs leicht, dann heftiger sind, zuweilen ein

widernatürliches Lachen, zuweilen Schlaf oder Verlust der Sinne. Bald bleibt die kranke Person an einem Ort, bald durchwandelt sie verwirrten Aussehens den Saal, der Puls ist gewöhnlich regelmäßig, zuweilen — bei heftigen Schmerzen — schneller. Diese verschiedenen Empfindungen nennt man magnetische Krisen, welche sich entweder nur mit Aufhören der Symptome oder mit Thränen der Augen, feuchter Haut, Schweiß, Auswurf, Erbrechen, Urin oder Stuhlgang endigen. Der Gang dieser Krisen ist zuweilen unregelmäßig. Ich habe dergleichen mehremal ohne alle weitere Behandlung schon am Baquet entstehen sehen. Einige Personen versicherten, daß sie solche nur im Krankensaal bekämen; andere jedoch haben sie auch außerhalb desselben.

„Einige Personen erleichtern sich die Krise durch regelmäßiges Magnetisieren und bleiben dann eine Zeitlang ruhig bei einander. Ein junger Mensch, der häufige Krisen hatte, schien die Sprache verloren zu haben, ging ruhig durch den Saal und magnetisierte oft andere Kranke, wodurch er zuweilen regelmäßige Krisen hervorbrachte und ohne fremdes Zuthun endete."

„Sobald er in seinen natürlichen Zustand zurückkam, sprach er wieder, erinnerte sich an nichts von dem, was mit ihm vorgegangen, und konnte nicht magnetisieren. Ich habe dies oft mit eigenen Augen gesehen."

„Die Lehre von den entgegengesetzten Polen fand ich durch meine Versuche nicht bewiesen."

„Das Fluidum soll von oben nach unten fließen und den Nerven als seinen Hauptleitern folgen, weswegen man auch die magnetische Behandlung von oben nach unten für heilsam, die entgegengesetzte für schädlich hält. Das erstere traf nicht immer richtig zu, wohl aber das zweite, denn die Bewegung der Finger nach aufwärts erregte bei empfindlichen Personen in der Brust, im Halse und im Kopf Beschwerden und eine Art von Starrheit, welche durch Gegenwirkung sogleich aufhörten. Diese abwechselnden Empfindungen, welche bei dem männlichen Subjekt drei Minuten anhielten, waren bei einigen bloß innerlich, bei andern wurde dadurch ein augenscheinlicher Schweiß verursacht. Diesen Schweiß habe ich selbst innerhalb einer Stunde bei drei Personen durch dieses Verfahren hervorgerufen."

„Wenn ich bei der Behandlung anstatt einer leichten Berührung stark drückte oder rieb, so erreichte ich sehr oft Schmerzen oder Konvulsionen und selten eine komplette, mit einer Ausleerung endenden Krise."

„Die Versuche mit magnetisierten Gefäßen und die Versuche, durch Reflexe von Spiegeln Empfindungen hervorzubringen, schienen mir oft nicht genügend zu sein. Die Musik hat oft Krisen erregt und verstärkt. Eine unter die Nase gehaltene Blume erregte lebhafte Empfindungen. Die Bewegung zweier aneinander geriebener Finger vor der Nase oder dem Munde brachte in diesen Teilen Reize hervor und erregte Niesen. Ein Konduktor verursachte unter denselben Umständen zuweilen eine Anschwellung oder lokale Spannung, welche sich bis zum Hals zog, die benachbarten Drüsen zusammendrückte und zuweilen von Erbrechen begleitet war. Ich sah, wie allein durch dieses Verfahren ein mit Blut und Schleim vermischtes Erbrechen veranlaßt wurde."

"Die Behandlung durch Berühren ist für den Magnetiseur besonders ermüdend. Ich habe dies zwar an mir selbst nicht erfahren, aber andere nach langem Manipulieren so erschöpft gesehen, daß sie am Baquet oder in Berührung anderer Menschen neue Kräfte suchten und erhielten."

"Die Behandlung selbst ist nach dem Zustand der Kranken verschieden, doch giebt es allgemeine Regeln und Teile, welche besonders der Einwirkung unterliegen. Mit Recht hält man die Herzgrube, mit welcher das Zwergfell und ein Nervenkomplex in Verbindung stehen, für einen der empfindlichsten Teile. Ebenso wird im allgemeinen die vordere Seite des Körpers für reizbarer angesehen als der Rücken, und Personen, welche von mir selbst nach beiden Richtungen magnetisiert wurden, bestätigen mir dies."

"Die kranken, leidenden, verstopften Teile empfinden oft noch außerdem bei der Berührung des Fingers oder Konduktors einen lebhaften Eindruck und eine brennende Hitze. Zugleich bewegt sich die Geschwulst unter dem Finger und scheint zu wachsen. Ich habe diese beiden Effekte oft hervorgebracht. Eine Frauensperson gab lebhafte Schmerzen durch Schreien zu erkennen, als der sie magnetisierende Arzt seinen Finger in horizontaler Linie von einer Drüse des Unterleibs entfernte. Dieser Versuch wurde von ihm in meiner Gegenwart mehrmals wiederholt."

"Um den Eindruck des durch den ganzen Körper laufenden Fluidums zu erkennen, legte ich meine rechte Hand auf den Kopf einer zu Krisen geneigten Kranken und die linke Hand auf ihren rechten Fuß. In wenigen Minuten ergriff sie ein Zittern oder ein allgemeines Frösteln, welches sie vorher nie gehabt hatte, und das sogleich aufhörte, als ich meine rechte Hand wegnahm."

"Manchmal kamen die Empfindungen mit dem Ort der Berührung nicht überein. Ein auf den Unterleib gelegter Finger erregte Schmerzen im Rücken, und wenn man den Finger nun auf diesen leidenden Teil brachte, so trieb er den Schmerz an einen andern Ort oder zerstreute ihn."

„Manche Kranke glaubten einen gelinden Wind zu spüren, welcher bald warm, bald kalt war, so oft ich meinen Finger in einer zollweiten Distanz vor ihrem Körper vorbei bewegte. Wurde diese Bewegung längs des ruhig liegenden Armes oder Schenkels fortgesetzt, so schwollen zuweilen diese Glieder dadurch auf, und es wurde namentlich in gelähmten Gliedern ein Kribbeln erregt, welches mehr oder weniger lebhaft war."

„Von diesen angeführten Thatsachen sind einige offenbare Wirkungen einer physischen Ursache, andere von ihnen können einem unbekannten Fluidum zugeschrieben werden."

„**II. Negative Thatsachen.** Die hierher gehörigen Thatsachen sind — weil alle gleichartig — bald aufgezählt."

„Eine junge epileptische, ihrer Vernunft beraubte Person wurde in Gegenwart der Kommissäre eine Stunde lang auf verschiedene Weise magnetisiert und empfand nichts. Das nämliche Resultat ergab sich bei fünf Kranken aus der elektrischen Krankenanstalt von Dr. Mauduyt, von denen jeder eine Viertelstunde lang berührt wurde, wie auch bei einigen Kranken des Herrn d'Eslon. Mehrere Personen, welche ich ihrer Neugierde halber außerhalb des Saales magnetisierte, empfanden nichts, sowie ich selbst mehrmals ohne Empfindung magnetisiert worden bin."

„Aus diesen Beobachtungen folgt, daß das Fluidum auf viele teils gesunde, teils kranke Personen zuweilen ohne wahrnehmbare Zeichen wirken müsse."

„**III. Thatsachen, welche von der Einbildungskraft abhängen.**" „Die übrigen Kommissäre haben ebenso wie ich selbst mehrere Wirkungen beobachtet, welche allein von der Imagination abzuhängen scheinen. Allein auch die Magnetiseure verwerfen die Imagination nicht völlig. — Ich führe zweierlei Arten von Thatsachen an, von denen die ersteren negativ oder schwach beweisend sind: Wenn nämlich die Einbildungskraft gewisser für den Magnetismus empfänglicher Personen auf andere Gegenstände gelenkt wird, so empfinden sie nichts. Ein den magnetischen Krisen unterworfener Kranker wurde von mir lange Zeit durch Berührung magnetisiert und empfand nichts als Wärme, indem wir uns während der Manipulation über interessante Gegenstände unterhielten. Er versicherte, daß diese Beschäftigung des Geistes bei ihm öfters die Effekte des Magnetismus abgeändert und unterdrückt hätte."

„Eine Dame ward während der Zeit, in welcher sie sich mit ihrem in Konvulsionen liegenden Gatten beschäftigte, magnetisiert; sie empfand aber nur gelinde Wärme, während ich sonst durch das nämliche Verfahren Krisen bei ihr hervorgerufen hatte."

„Die positiven Thatsachen sind solche, welche zu beweisen

9*

scheinen, daß die Einbildungskraft hinreicht, solche Empfindungen zu er=
regen, welche man dem Magnetismus zuschreibt. Herr d'Eslon behan=
delte einige Personen, welche ein vorzügliches Zutrauen zu ihm hatten.
Ich sah dieselben gleichzeitig in Krisen kommen, ohngeachtet er sie nur
nach und nach berühren konnte. Wenn eine derselben teilweise zu sich
kam und ihre Blicke auf ihn richtete, so war dieser Blick ohne alle Be=
rührung hinreichend, die Symptome der Krise wieder zurückzurufen. —
Eine dieser Kranken hatte gewöhnlich am Schluß der Krise starken Aus=
wurf, welchem stets ein leichter Krampf voranging. Wenn Herr
d'Eslon den Saal verließ, so wurde der Auswurf unterbrochen und
konnte durch die Berührung eines andern Arztes nicht im Gange er=
halten bleiben. Die Zurückkunft des Herrn d'Eslon stellte jedoch den
Auswurf sofort wieder her. Ich habe den Auswurf ohne vorherige Be=
rührung beginnen sehen, sobald sich Herr d'Eslon der Kranken nur an
die Seite setzte, und dieselbe gestand, daß dessen Gegenwart öfter diesen
Erfolg hervorgebracht habe."

„Eine andere, heftigen Krisen unterworfene Kranke empfand bei
der unmittelbaren Berührung mehrerer Ärzte eine geringere Wirkung,
als wenn Herr d'Eslon sie nur anblickte oder von fern seinen Finger
gegen sie bewegte. Bei dieser letzteren Behandlung fiel sie mehrfach in
Konvulsionen."

„Um zu sehen, welche Wirkung der erste Eindruck hervorbringe,
wünschte ich eine für Magnetismus empfängliche Kranke zuerst zu mag=
netisieren. Das erste Mal zeigte sich nichts; am Schluß des zweiten
Magnetisierens wurde sie in die Höhe geworfen, und diese Bewegungen
nahmen schmerzlos an Stärke und Anzahl zu. Am dritten Tage er=
schienen diese Bewegungen gleich anfangs und dauerten lange Zeit, ohn=
geachtet ich endlich die magnetische Behandlung abgebrochen hatte. Ich
ging aus dem Saale, worauf sie nach der Erzählung der anwesenden
Ärzte sofort aufhörten. Als ich nach einer Viertelstunde wieder kam,
fingen sie ohne vorherige Behandlung in gleicher Stärke wieder an. Ich
ging fort, und sie besänftigten sich. Die Kranke wollte auf einer Terrasse
frische Luft schöpfen, sah mich im Hof, und die nämlichen Bewegungen
begannen wieder. Als sie beruhigt in den Saal zurückgekehrt war, wollte
sie fortgehen, sah mich unten an der Treppe, bekam einen neuen Anfall
und wurde in einen untern Saal geführt, wo ich sie zurückließ. Einige
Tage später sah ich diese Dame wieder, welche in der Zwischenzeit von
andern Ärzten magnetisiert worden war und die gleichen Bewegungen
nur mit dem Unterschied gehabt hatte, daß sie sich nicht auf dieselbe
Weise erneuerten. Meine Gegenwart wirkte jetzt nicht auf sie. Wenn

dies, wie ich nicht glauben kann, kein abgekartetes Spiel war, und wenn ich die Natur und Stärke der Bewegungen bedenke, so hängen dieselben gewiß von einer heftig erregten Einbildungskraft ab."[1])

„IV. Von der Einbildungskraft unabhängige Thatsachen." „Wir haben nun noch eine andere Reihe von Thatsachen durchzunehmen, welche Aufmerksamkeit verdienen und — wenn sie wahr sind — andere Anschauungen erzeugen, als das Vorhergehende uns darzubieten schien. Ein einziges positives Faktum, welches das Dasein einer äußern Kraft zur Evidenz beweist, zerstört alle negativen Thatsachen, welche bloß deren Nichtwirken darthun, und überwiegt diejenigen, welche der Einbildungskraft allein zugeschrieben zu werden pflegen." —

„Ich stellte mich am Baquet einer Frau gegenüber, welche auf ihren Augen zwei sehr starke Flecken hatte, und deren Blindheit durch die Kommissäre völlig bestätigt war. Ich beobachtete sie eine ganze Viertelstunde hindurch, indem ich mehr mit dem eisernen Stabe des Baquets, der gegen ihre Augen gerichtet war, als mit der Unterhaltung der andern Kranken beschäftigt schien. In einem Augenblick, wo das Geräusch von Stimmen ihre Aufmerksamkeit ablenkte, richtete ich in einer Entfernung von sechs Fuß einen Konduktor gegen ihren Magen, den ich als sehr empfindlich kannte. Nach etwa drei Minuten wurde sie unruhig und kam in Bewegung; sie wandte sich auf ihrem Stuhl um und versicherte, es müsse sie jemand magnetisieren, obschon ich vorher alle Vorsicht angewandt hatte, alle diejenigen zu entfernen, welche den Versuch zweifelhaft machen konnten."

„Ihre Unruhe hörte fast augenblicklich auf, wenn ich meine Bewegungen einstellte, und sie wurde so ruhig wie vorher. Fünfzehn Minuten später wiederholte ich unter ähnlichen Umständen und mit aller möglichen Vorsicht den Versuch mit völlig gleichem Erfolg. Ich war überzeugt, daß die Kranke bisher keinen andern Nutzen aus ihrer Behandlung gezogen hatte, als daß sie in einer Entfernung von drei bis vier Zoll manche Gegenstände schimmern sehen konnte. Das Licht fiel bei diesen Versuchen von seitwärts auf sie und mich. Nur einer von den Vorstehern des Saales war anwesend und stand an meiner Seite, verhielt sich aber ganz ruhig und ließ mich nach Belieben handeln. Da die Zeit indessen verflossen war, konnte ich einen dritten Versuch nicht machen."

„Eine Kranke, deren Krise in einem tiefen Schlaf bestand, bekam von Zeit zu Zeit durch äußeres Geräusch im Saal verursachte leichte konvulsivische Bewegungen und fuhr in die Höhe, ohne zu erwachen.

---

[1]) Jussieu konnte den Rapport noch nicht.

Magnetische Striche, welche in einiger Entfernung von ihrem Gesicht gemacht wurden, erregten oft die gleichen Zuckungen. Ich versuchte es oft und fast immer mit Erfolg, obschon ich die Zeit in Obacht hielt, da kein fremdes Geräusch diese Wirkung hervorbringen konnte."

„Die Krise einer andern Kranken bestand in allgemeinen Krämpfen, verbunden mit einem vorübergehenden Verlust des Bewußtseins, doch ohne heftige Bewegungen. Der Kopf lag vorwärts, die Augen waren geschlossen, die Arme zurückgebogen, die Hände offen und die Finger auseinander gespreizt. Als ich mit meinem Finger ihre Stirn zwischen den Augen berührte, so schien sie ein wenig Erleichterung zu finden. Zog ich den Finger sanft zurück, so folgte der Kopf, ohne berührt zu werden, jeder Richtung desselben. Wenn ich den Kopf so auf die eine Seite gerichtet hatte und meine andere Hand in zollweiter Entfernung gegen die entgegengesetzte Hand der Kranken hielt, so zog sie dieselbe schnell zurück, als ob sie daran eine starke Empfindung hätte. Diese Bewegungen wurden innerhalb zehn Minuten drei bis viermal wieder= holt, worauf der Krampf und zugleich die Empfindlichkeit abnahm. Die Kranke konnte sich nachher an nichts von allem erinnern. Ich selbst habe diesen Versuch nur einmal gemacht, und er ist deswegen so voll= ständig gelungen, weil ich einen Monat vorher dieselben Phänomene in einer von einem andern Arzt hervorgerufenen Krise beobachtet hatte."

„Die kleinsten magnetischen Bewegungen machten bei einer andern Kranken einen so lebhaften Eindruck, daß, wenn man ohne ihr Wissen ihr einigemal mit einem Finger einen halben Fuß vom Rücken entfernt abwärts strich, sie auf der Stelle konvulsivische Bewegungen und Stöße bekam, welche ihr die vorgenommene Handlung anzeigten und so lange dauerten, als diese währte. Dieser mein erster und einziger Versuch mit dieser Kranken brachte die nämlichen Wirkungen hervor, wovon ich (bei andern) vorher vier= oder fünfmal Zeuge gewesen war."

„Im Krankensaal befanden sich noch mehrere Kranke beiderlei Geschlechts, von mehr oder weniger reizbarer Konstitution, bei welchen gleichfalls die vorige Erscheinung, wenn auch nicht gleich stark, hervor= gerufen wurde. Der Versuch gelang vorzüglich gut, wenn sie durch vorherige Berührung der Magengegend gereizt worden waren. Wenn man den Finger ohne ihr Wissen und ohne Berührung über ihren Kopf oder Rücken bewegte, so sprangen sie äußerst lebhaft auf und verdrehten den Kopf, um zu sehen, wer etwa hinter ihnen stehe. Diese unwillkür= liche und unerwartete Bewegung wurde nämlich durch Ärzte hervorgerufen, welche erst ganz neu zugelassen worden waren, welche noch nicht frei handeln durften, noch außerhalb des von den Kranken gebildeten Kreises

standen und nur von rückwärts und halb mißtrauisch die Kraft ver=
suchten, die sie erst hatten kennen lernen dürfen. — Ich habe anfangs
auch sehr oft diese Wirkung hervorgebracht. Allein, um die Vermutung
in mir selbst zu ersticken, daß die Kranken meine Handlung etwa vorher
sähen, oder daß diese Empfindung etwa ohne mein Zuthun zustande
komme, blieb ich eine Zeitlang ruhig neben ihnen stehen und erwartete
so einen glücklichen Augenblick zu meinem Versuche, der mir auch fast
immer gelang. Ohne mein Wirken fand keine Erschütterung statt.
Dieselbe Wirkung wurde auch öfter durch andere Personen bei Kranken
hervorgerufen, während ich deren Aufmerksamkeit durch entgegengesetzte
Berührungen beschäftigte."

„Diese Thatsachen sind nun zwar nicht zahlreich und nicht sehr
mannigfaltig, aber ich wollte nur solche aufführen, welche genügend be=
stätigt sind und über die ich nicht den geringsten Zweifel hege. Sie
werden dennoch hinreichen, die Möglichkeit oder Existenz einer Kraft zu
beweisen, welche sich von einem Menschen auf den andern fortpflanzt und
bei letzterem manchmal merkbare Einwirkungen hervorbringt,"

„Aus der Zusammenstellung dieser Thatsachen und teilweisen
Folgerungen läßt sich schließen, daß der menschliche Körper dem Einflusse
verschiedener wirkender Ursachen unterworfen ist, welche — wie die Ein=
bildungskraft — teils innerliche und moralische, teils — wie das Reiben,
die Berührung und das aus einem ähnlich gearteten Körper ausströmende
Fluidum — äußerliche und physische sind. Die äußeren Ursachen werden
sich bei genauerer Untersuchung nur auf eine einzige, einfachere und
allgemeinere bringen lassen, nämlich auf die generelle Einwirkung der
uns umgebenden elementaren aber zusammengesetzten Körper. Wenn
man über die Wirkung des bestrittenen Fluidums und über die Gleich=
heit der durch dasselbe hervorgerufenen Effekte nachdenkt, so muß man
anstandslos in allen drei Fällen das nämliche, nur auf verschiedene
Weise angewendete Agens erkennen. Die lebhafte Wirkung des Reibens
giebt eine Empfindung, die stärker, sicher, allgemeiner ist. Die Thätig=
keit der Berührung ist sanfter, aber nach dem Zustand der Organe ver=
schieden; die Wirkung des von einiger Entfernung kommenden Fluidums
muß im ganzen nicht sehr fühlbar sein und nur gewisse Persönlichkeiten
affizieren, welche für die schwächsten Einflüsse empfänglich sind. Allein
wie wirkt diese dreifache Behandlung. Was ist das für ein Wesen, das
in den Körper dringt? Das Reiben und die Berührung bringen Wärme
hervor. Sollte diese Wärme wohl das Fluidum sein, dessen Existenz
man bestreitet? Wie wirkt es auf den menschlichen Körper? Wie durch=
dringt es denselben und mit welcher Kraft? Welches sind seine Verhält=

nisse zu den innern und äußern Ursachen? — Dies alles verdient der=
einst näher untersucht zu werden."

Dies ist das Wichtigste aus dem von der offiziellen
Wissenschaft seit über hundert Jahren unterdrückten oder
wenigstens ignorierten Gutachten de Jussieus zu Gunsten
des Mesmerismus.

Im Jahre 1784 begannen die mesmerischen Kuren sich
in den Provinzen auszubreiten, und zwar waren ihre Haupt=
förderer der Marquis de Puységur, Herr von Buzancy
bei Soissons, und dessen Bruder, der Graf Maximus de
Puységur, Mestre de Camp en second du regiment de
Langued'oc, welche in Soissons, Bajonne und Bordeaux
thätig waren. Ihre Methode unterschied sich dadurch von
der Mesmers, daß sie keine Baquets einrichteten, sondern —
wie bei den Orakeln gebräuchlich war — ihre Kranken unter
alten dichtbelaubten Bäumen versammelten. Bei den hier ent=
standenen Krisen machte sich — wie im Altertum — eine
Erhöhung der Seelenkräfte geltend, welche sich zunächst durch
hellsehen, Wahrnehmen des eigenen und fremden Gesund=
heitszustandes und erhöhten Heilinstinkt äußerten. Diese
Wiederentdeckung uralter Tempelweisheit machte enormes
Aufsehen, und der Marquis des Puységur gab noch im
Jahre 1784 eine Sammlung von 62 hierhergehörigen
Krankengeschichten heraus [1]), während dessen Bruder über
seine in Bajonne vollbrachten Kuren berichtete und den
Magnetismus gegen die königlichen Kommissäre verteidigte [2]).
Der Arzt Orelut schrieb über die von ihm zu Lyon voll=
brachten Kuren [3]), Bergasse zeigte, daß die offizielle Wissen=
schaft von jeher sich innerhalb der Schranken altbackenen

---

[1]) Recueil des pièces les plus interéssantes sur le magnétisme
animal.

[2]) Rapport des curs opérées à Bajonne par le magnétisme
animal. Bajonne 1784.

[3]) Détail des cures opérées à Lyon 1784. 8.

Wissen bewegt und bahnbrechende Genies verfolgt habe[1]),
und Galart de Montjoye deckte vorzüglich die Wieder=
sprüche auf, deren sich die Kommissionen schuldig gemacht
hatten[2]).

Im Jahre 1785 stifteten Graf Puységur und ein Dr.
Ostertag zu Straßburg zwei „Harmonische Gesellschaften“,
deren Zweck der Kultus des Magnetismus und Somnam=
bulismus war. Zu bemerken ist, daß Ostertag in seiner
Gesellschaft völlig das Braid'sche Verfahren ausübte, indem
er die Patienten durch den Anblick gläserner Kugeln in eine
„seltsame Unbeweglichkeit versetzte“, „die sogleich aufhörte,
als der Magnetist sich ihnen näherte“. Ein deutscher Arzt,
Namens Jördens, welcher als Augenzeuge spricht, weiß
vom Hellsehen und Schlafreden in der Ostertag'schen Schule
wenig zu berichten, sagt, daß starke und gesunde Personen
nach der Manipulation Kopfweh, Hitze und Druck in der
Herzgrube in höherem oder geringerem Grade empfunden
hätten, und schreibt die Wirkung einem vielleicht in modi=
fizierter Elektricität bestehenden Agens zu[3]).

Puységur, welcher den Schwerpunkt auf die Erzeugnng
des Somnambulismus und Erregung des Heilinstinktes legte,
gab im Jahre 1786 eine Denkschrift über seine Kuren her=
aus[4]), worin er sagt, daß Mesmer infolge Arbeitsüber=
häufung ungenau beobachtet und infolge dessen die genannten
wichtigsten Erscheinungen gar nicht kennen gelernt habe; auch
eifert er gegen das Hervorrufen der Krisen, verwirft das
Baquet und empfiehlt die magnetisierten Bäume.

Chevalier de Barbarin ging noch einen Schritt

---

[1]) Considérations sur le magnétisme animal. A la Haye. 1784. 8.

) Lettre sur le magnétisme animal. Philadelphie. 1784. 8.

[3]) Vgl. Hufelands Journal der praktischen Heilkunde. Bd. XV.
St. 2. S. 85 bis 95.

[4]) Mémoire pour servir à l'histoire et à établissement du magnétisme animal. Londres. 1786. 8.

weiter und wandte ein rein psychotherapeutisches Verfahren
an, indem er nur den Willen und den Glauben als heilende
Agentien gelten ließ, und errichtete in Ostende eine „Harmonische
Gesellschaft", worin er die in der Gegenwart wieder Mode
gewordenen Mind-cures ausübte und durch Gebet, festen
Vorsatz und kräftigen Willen Wasser magnetisierte, das als
Heilmittel weit versendet wurde. Er selbst hielt die Wunder
Christi für magnetische Heilungen und weihte seine Schüler
mit den irrtümlich Puységur zugeschriebenen Worten: „Veuillez
le bien, allez et guérissez!" [1])

Im Jahre 1785 wurden die Lehrsätze Mesmers von
Caullet de Beaumorel, Leibarzt des nachmaligen Königs
Ludwig XVIII herausgegeben und sofort ins Deutsche übersetzt [2]). Eine Anzahl minderwichtigere Schriften über den
immenses Aufsehen machenden Somnambulismus, Tage-
bücher über magnetische Kuren 2c. übergehe ich.

Puységur irrt übrigens, wenn er behauptet, Mesmer
habe den Somnambulismus nicht gekannt. Er kannte diesen
und das automatische Schreiben, wie sich aus seinen
eigensten Worten ergiebt:

„Der Kranke, in einen krankhaften Schlaf oder den Zustand von
Geistesverwirrung befallene Mensch zeigt dem Beobachter durch Bei-
behaltung des Gebrauches der Sprache die Existenz und die Natur des
inneren Sinnes. Dieser gemeiniglich Somnambulismus genannte Zustand kann übrigens verschiedene Grade der Vollkommenheit annehmen.

„Manchmal kann der Somnambulismus Zukunft und Vergangen-

---

[1]) Système raisonné du magnétisme universel, d'après les prin-
cipes de Mr. Mesmer. Par la société de l'harmonie d'Ostende, Paris
1786. 8.

[2]) Aphorismes de Mr. Mesmer, Paris 1784. 8. Deutsch unter
dem Titel: Lehrsätze des Herrn Mesmers, sowie er sie in den geheimen
Versammlungen der Harmonia mitgeteilt hat, und worinnen man seine
Grundsätze, seine Theorie, und die Mittel findet selbst zu magnetisieren:
in 334 Paragraphen abgeteilt, zum leichteren Gebrauche der Kommen-
tare über den tierischen Magnetismus. Straßburg, Akademische Buch-
handlung, 1785.

heit deutlich durch den innern Sinn sehen, mit der ganzen Natur steht er in Berührung, oder er ist fähig, alles zu empfinden, sei es nun als Ursache, sei es als Wirkung, geradeso wie die Gegenwart. Seine Sinne scheinen sich auf jedweden Abstand ohne alles Hinderniß zu erweitern. Der Wille selbst stellt ein physisches Agens des Menschen unabhängig von den gewöhnlichen Hilfsmitteln dar. Die unveränderliche und fast allgemeine Beobachtung dieser Erscheinung, sowie die der Träume und der Einbildungskraft erzeugte und nährte für immer bei allen Völkern die Meinung an die Existenz von übersinnlichen oder geistigen, dem Menschen sonst fremde Substanzen, von welchen seine Fähigkeiten unter gewissen Umständen besessen und regiert werden könnten. Diese Meinung gab den Stoff zum Glauben an Zwischengeister, an das Besessensein von Dämonen, an Inspirationen, Sibyllen, Orakel und Prophezeiungen u. s. w., sowie denn auch an alle Arten von Magie, Zauberei, von Erscheinungen, von Auferstandenen, von Gespenstern. Dieses bisher ungelöfte Rätsel diente gar oft dem politischen und religiösen Charlatanismus, und der Mißbrauch, welchen unwissender Eigendünkel damit trieb, wurde stets den Menschen verderblich."

„Da es wichtig ist, schon von der Kindheit an vor der Seuche des Aberglaubens und des Fanatismus sich zu bewahren, so wird man den ganzen Umfang der eigentümlichen Fähigkeiten des Menschen kennen lehren: ebensowohl daß er durch die Gesamtheit des Nervensystems sich mit der ganzen Natur im Wechselverhältnis befinde, als auch, was an den angeführten Erscheinungen etwa Wahres sein könnte, nicht minder zugleich diejenigen Fälle und Bedingungen, unter welchen sich jene verwirklichen können."

„Um nur eine und zwar eine einfache Idee von der Möglichkeit dessen, was man Instinkt oder Vorgefühl nennen kann, zu geben, will ich hier von dem einen wie von dem andern ein Beispiel aufstellen, wovon ich, wie seltsam es auch scheinen mag, die Wahrheit bezeugen kann, da es sich unter meinen Augen zugetragen hat."

„Eine kranke Dame, welche zu Paris meiner Behandlung anvertraut war, bekam jenen Krampfschlaf, worin sie noch die Sprache behielt und die Fähigkeit zu schreiben. Eines Tages verlor sie ihren kleinen Hund und war über diesen Verlust sehr niedergeschlagen; nach einigen Tagen fand sie eines Morgens auf dem Nachttisch einen von ihr im Schlaf geschriebenen Zettel, worauf geschrieben stand: „Beruhige Dich, Du wirst in acht Tagen Deinen Hund wiederfinden." Ich selbst nun, von diesem Vorfall unterrichtet, beobachtete die Kranke an dem angekündigten Tage ganz besonders bei meinem Besuche. Von frühmorgens an fand ich sie in dem ihr gewöhnlich gewordenen Schlafe liegen: genau um acht Uhr befiehlt sie ihrer Kammerfrau, einen Kommissionär, welchen sie unweit des Hauses würde stehen finden, zu ihr zu berufen. Dieser erscheint, und sie weist ihn an, auf der Stelle in die nur eine halbe Viertelstunde entfernte Straße zu gehen, welche sie ihm nannte (St. Sauveur), hier werde er einer Frau begegnen, welche einen Hund trage, den er als ihr gehörig zurückfordern müßte. Der Mann geht, und sowie er bei dem Eingang gedachter Straße anlangt, sieht er gegen sich eine Frau mit einem kleinen Hund unter dem Arm herkommen, welche er infolge seines Auftrags zu der Dame bringt, wo der Hund in meiner Gegenwart wieder erkannt wurde."

„Man denke hier über das genaue und gegliederte Zusammenfallen von Zeit und Ort nach, welches durch den allergeringsten Mangel an Pünktlichkeit hätte gestört werden können. Es hat also diese Dame den Gang und das Ganze der Begebenheiten, sowie sie sich ereignen mußten, im Schlafe gesehen und geäußert, oder vielmehr wie gegenwärtig gesehen."[1]

Mesmer betrachtet den Somnambulismus sogar als eine angeborene Fähigkeit des natürlichen, unverdorbenen Menschen, und den Einwand, daß er etwa mit Puységurs Kalb ackere, ist damit zu begegnen, daß er seinen „Mesmerismus", worin obiges enthalten ist, bereits 1780 geschrieben hatte[2]. — Auf seine Theorie über Somnambulismus werde ich zurückkommen.

Die nächsten Jahre vergingen für Mesmer ohne besondere Ereignisse, seine Anstalten blühten, und seine Lehre erhielt Anhänger wie Washington und Lafayette. Da brach die Revolution aus, die Freunde Mesmers emigrierten oder wurden guillotiniert, und er selbst sah sich genötigt, nach der Schweiz zu fliehen, von wo er sich 1798 wieder nach Paris begab, um eine Entschädigung für sein in den politischen Wirren verloren gegangenes Vermögen vom Direktorium zu verwirken; sein Erfolg war jedoch ein unbedeutender, insofern er nur eine kleine Summe erhielt. Er

[1] F. A. Mesmer: „Mesmerismus" etc. ed. R. Chr. Wolfart. Berlin 1814. S. 25—27.
[2] A. a. O. Vorrede, p. LXXIII.

ſcheint bis zum Jahre 1801 in Verſailles gelebt zu haben; nachdem er urſprünglich einen Aufenthalt in Karlsruhe, wo der Großherzog Mesmers Lehre, Roſenkreuzerei, Okkultis= mus ꝛc. begünſtigte, geplant hatte, ging er jedoch wieder nach der Schweiz und lebte dort ſtill zurückgezogen in Frauen= feld. Damit beginnt die letzte Lebensperiode Mesmers.

Sechstes Kapitel.

Mesmers letzte Lebensperiode.

Es konnte nicht fehlen, daß die neue Entdeckung des Somnambulismus — ähnlich wie es in unserer Zeit dem Okkultismus seit einigen vierzig Jahren erging — mit viel Schwärmerei und Schwindel verquickt wurde, bis sich endlich eine bessere Erkenntnis Bahn brach.

Namentlich war es die Straßburger Schule, welche in dieser Beziehung viel sündigte, und manche ihrer Mitglieder wollten in ihrer Schwärmerei z. B. das Mysterium der Dreifaltigkeit mit Hilfe des Somnambulismus erklären[1]), während ein anderes Mitglied, der französische Kapitän Tardy de Montravel, die Träumereien des ungeregelten Somnambulismus für bare Münze nehmend, weitschweifige Schlafreden zweier Hellseherinnen drucken ließ[2]), worin eine derselben dem im Innern eines Kranken somnambul geschauten Bandwurm Knochen, Augen und in einem dicken Maul stehende Zähne beilegte und dem Leidenden gegen dieses Untier drei gebratene Fuchslebern verordnete. — Doch

---

[1]) Auszug aus dem Tagebuche einer magnetischen Kur. Frankfurt und Leipzig 1787. 8.

[2]) Journal du traitement magnétique de la Dem. N. vol. 1. 2. Londres 1786. 8. Journal du traitement magnétique de Mad. Braun. Straßburg. 1787. 8.

sei andererseits bemerkt, daß Tardy de Montravel mit merk=
würdiger Intuition von der Entwickelung eines sechsten
Sinnes im Menschen spricht, welchen er in die sogenannte
tierische Seele (Anima sensitiva) verlegt und als Ursache
der merkwürdigen Erscheinungen des Somnambulismus be=
trachtet[1]).

Obschon Mesmer, wie wir noch sehen werden, den Er=
scheinungen des Somnambulismus volles Verständnis ent=
gegenbrachte, so war er doch nicht blind gegen die mit dem=
selben getriebenen Mißbräuche und äußerte sich darüber in
einer schon zu Kerners Zeit nicht mehr zu habenden kleinen
Schrift: „Erläuterungen über Somnambulismus und Mag=
netismus"[2]) folgendermaßen:

„In dem Leichtsinn und der Unvorsichtigkeit derjenigen, welche
meine Heilmethode nachahmen, ohne mit ihrem innern Wesen bekannt
zu sein, liegt die Schuld sehr vieler Vorurteile, die sich gegen dieselbe
erhoben haben. Von diesem Zeitpunkt an wurde Somnambulismus
und Magnetismus eines für das andere genommen, und man wollte
mit einem Eifer, den nicht immer die kältere Besonnenheit leitete, die
Wirklichkeit des einen durch die überraschenden Effekte des andern be=
stätigen. Es mangelte sogar nicht an solchen, die mit der Behauptung
auftraten, im Besitz der Kunst zu sein, Somnambule machen zu können,
die als unfehlbare Orakel anzusehen wären, durch die alles zu erlernen
sei, und deren Besitz allein in den Stand setze, Kranke zu heilen. So=
gar sollte diese, aus von mir willkürlich gezeigten, von ihnen aber in
Regeln gezwängten Manipulationen bestehende technische Kunst die von
dem Urheber der Erhaltungskunde aufgestellte Lehre übertreffen. Einige
Gelehrte Deutschlands nahmen sie mit Enthusiasmus auf und huldigten
dem Scheine eines Irrlichts, während sie vor den Strahlen der Wahrheit
die Augen fest zudrückten; bis jetzt ohne richtigen Begriff von dem von
mir sogenannten Magnetismus und ebenso unbekannt mit seiner Theorie
suchen sie in der einzigen Verfahrungsart eine spezifische Kraft und werden
dadurch zu blindem Empirismus und Aberglauben verführt."

---

[1]) Essay sur la théorie du somnambulisme magnétique. Londres
1786. 8.

[2]) Kerner a. a. O. S. 79. Kerner hatte das französische Original=
manuskript Mesmers vor sich.

„Diese irrige Meinung bildete in Straßburg eine besondere Sekte, die durch unverständiges Experimentieren der guten Sache schädlich wurde, indem sie dieselbe um die Achtung brachte, die ihr gebührte, und Anlaß zu dem allgemeinen Unglauben gab, der in Deutschland Wurzel gefaßt hatte."

Soviel über Mesmers Stellung zur Straßburger Schule.

Unterdessen lebte Mesmer ruhig in Frauenfeld, ohne weiteren Anteil an gelehrten Streitigkeiten zu nehmen, in stiller Zurückgezogenheit, wegen seiner Wohlthätigkeit und Heilkraft als Segen der Armen und Elenden. In diese Zeit fällt seine politische Projektemacherei, indem er nach Rousseau'schen Prinzipien ein sentimental-philiströses Verfassungsideal aufstellte, welches einen großen Teil seines „Mesmerismus" ausfüllt, und von dem man nicht weiß, ob Robespierres abgeschmackte Ideale und komödienhafte Volksfeste Mesmer, oder ob Mesmers Ideen Robespierre beeinflußt haben. Thatsache ist, daß Mesmer mit französischen Staatsmännern und dem Minister der helvetischen Republik C. Jenner über Verfassungsänderungen viel korrespondierte[1]. Auch hatte er — allerdings in späteren Jahren — einen Plan entworfen, wie dem preußischen Staat durch Ausgabe von Papiergeld aufzuhelfen sei, welcher nach dem Zeugnisse des Bruders von Professor Wolfart, eines Staatsbeamten in Berlin, ganz vortrefflich gewesen sein soll[2].

Vom Jahre 1803 bis zum Jahre 1809 suchten Pariser Freunde Mesmer wieder nach Paris zu ziehen, allein umsonst; er hatte das Treiben der großen Welt bis zum Ueberdruß kennen gelernt und die Ruhe war ihm lieb geworden. Unterdessen hatte sich die Lehre vom animalischen Magnetismus und Somnambulismus auch in Deutschland verbreitet, und zwar war es Lavater, welcher die Bremer Ärzte

---

[1] Kerner a. a. O. S. 109.

[2] Vergl. Wienholt: Beitrag zu den Erfahrungen über den tierischen Magnetismns. Hamburg 1787. 8.

Georg Bicker, H. W. M. Olbers (1758—1848) — es ist
dies der berühmte Astronom, wie ich zu bemerken nicht unter=
lassen will — und Arnold Wienholt (1749—1804) mit
diesen Entdeckungen bekannt machte. Alle drei Ärzte — na=
mentlich Wienholt — wurden eifrige Verteidiger des Mes=
merismus und Somnambulismus. Allerdings machte Lavater
in seiner bekannten Überschwenglichkeit den Fehler, die große
Entdeckung auf das religiöse Gebiet hinüberzuziehen, was in
der damaligen Zeit breitweicher Rührseligkeit zu vielfachen
Alfanzereien Anlaß gab, die das homerische Gelächter der
bösen Welt erregten. An sich aber äußert sich der alte
brave Hans Kaspar Lavater sehr richtig und klar, wenn er
in einem aus dem Oktober 1785 stammenden an Spalding
Sohn gerichteten Brief[1] sagt:

„Ich Schwärmer rufe immer: Untersucht! und kann es bei andern
nicht dazu bringen, die Philosophen heißen und über meine Schwärmerei
spotten. Bemerke ruhig, mein Lieber! Der Magnetismus ist eine neu=
entdeckte Kraft der menschlichen Natur, eine Naturkraft. Nun ist jede
Entdeckung einer Naturkraft wichtig, am wichtigsten, wenn sie im Menschen
haftet und für Menschen wohlthätig ist. Wer sich gegen eine wohlthätige
Wirkung der Natur empört, ist nicht unser Freund.“

Trotz der Bemühungen der Genannten hegte aber die
offizielle deutsche Wissenschaft, welche damals mehr als je in
den Banden der Franzosen lag, infolge des parteiischen Gut=
achtens der Akademie ein solch unüberwindliches Vorurteil,
daß Dr. Eberhard Gmelin zu Heilbronn, damals der be=
deutendste wissenschaftliche deutsche Forscher auf diesem Ge=
biete, 1787 in seiner in Tübingen erschienenen Schrift: „Über
den tierischen Magnetismus“ schrieb: er möchte gern, weil
ein großer Teil des Publikums einen unbezwinglichen Wider=
willen gegen den Namen „tierischer Magnetismus“ habe,
seine magnetischen Versuche „Versuche über die Kräfte der
menschlichen Natur durch lebendige menschliche Berührung“

---

[1] Abgedruckt bei Kerner, a. a. O. S. 96.

nennen, wenn er der Dummheit nachgeben möchte. — Er gab jedoch dieser Dummheit nach, indem er eines seiner ausschließlich Erfahrungen auf dem Gebiete des Mesmerismus enthaltenden Bücher „Materialien zur Anthropologie" nannte, weil er fürchtete, das Buch werde unter dem Titel: „Versuche über den tierischen Magnetismus" keinen Absatz finden.

Äußerst charakteristisch und in der Gegenwart völlig auf die Gegner des Okkultismus anwendbar, sind die treffenden Worte, mit denen Gmelin die Feinde des Magnetismus charakterisiert:

„Sie treten auf unter ehrwürdigen Gestalten eines schwülstigen Redners, hochweisen, warnenden Lehrers, absprechenden Rezensenten, neidischen Kollegen, erbosten Predigers, lustigen Komödianten, flüchtigen Reisenden, komischen Romanschreibers, witzelnden Travestierers, feilen und seichten Notenmachers zu sehr guten Almanachsabbildungen, injuriösen Schriftstellers, bettelnden Anekdotenjägers, boshaften Verläumders, gedungenen Chikaneurs."

„Mit diesen Waffen und unter diesen Gestalten hat man inzwischen größtenteils gesucht, den Magnetismus zu Boden zu stürzen. Ohne diese rüstigen Gegner gerade mit einander zu vermischen, frage man doch, wie ich es schon öfter persönlich gethan habe, diese Herren, von was sie reden? Wenn sie von Magnetismus reden: ich wette darauf (die Erfahrung hat mich belehrt), keiner wird bestimmt angeben können, von was und was er rede. Ihre Äußerung hierüber wird der beste Beweis ihrer leeren Geschwätzigkeit sein. Aber gerade diese Herren sind es, welche den tierischen Magnetismus für Traum und die Verteidiger desselben für Schwache und Schiefköpfe halten, und dies alles natürlich ohne Grund und Erfahrung, es ist ihnen genug, zu sagen: car tel est notre plaisir; durch diese dreiste grundlose Absprechung zeigen sie selbst, daß sie, wenn sie es nicht an Alter, doch an Verstand sind, unbärtige Knaben, welche vor angestellter Untersuchung absprechen und freilich alsdann durch die Teilnahme an Journalen den schwächeren Teil des Publikums, der sich von ihnen gängeln läßt, danach stimmen."

In Gmelin mußte ein jeder, selbst der verbissendste Gegner, einen Mann von scharfem und richtigem Blick, einen gelehrten und erfahrenen Arzt und hochgebildeten Psychologen anerkennen, aber trotzdem gelang es demselben nicht, den

hartnäckigen Widerstand der Gegner zu beseitigen. Wienholt
in Bremen, welcher im Laufe von fünfzehn Jahren 80 von
der Schulmedizin aufgegebene Kranke magnetisch behandelt
und großenteils geheilt hatte, sowie namentlich bei Augenleiden große Erfolge erzielte, erging es nicht anders; und
ganz besonders waren es die von ihm beobachteten Erscheinungen des Somnambulismus, an denen die zopfige Weisheit der damaligen Ärzte Anstoß nahm.

Günstig auf die Ausbreitung des Mesmerismus wirkte
die Entdeckung des Galvanismus, in welchem man damals
etwas dem tierischen Magnetismus Analoges sah, und die
Schelling'sche Naturphilosophie ein. Außer Schelling
traten Hufeland, Kluge, Wolfart, Kuntzmann, Petzold,
Böckmann, Heinecken, Rahn, Scherb, Nasse, Müller
— alles ausgezeichnete Aerzte der damaligen Zeit — für
den animalischen Magnetismus in die Schranken, aber in
den Werken der meisten von ihnen wird man den Namen
Mesmers vergebens suchen, so namentlich in den zahlreichen
Schriften Gmelins und Wienholts. Der Name des Ent-
deckers des animalischen Magnetismus war infolge französi-
scher Arroganz und Parteilichkeit und deutscher philisterhafter
Schwachköpfigkeit verfemt, und jeder reputierliche, akademisch
geachtete Gelehrte scheute sich, auch nur eine Kenntnis von
der Existenz des mit dem großen wissenschaftlichen Banne
Belegten zu verraten.

Erst im Jahre 1812 fanden die Professoren Wolfart
und Kluge in Berlin den Mut, sich zugleich im Auftrage
Hufelands, Heines und Reils brieflich an Mesmer zu
wenden und ihn aufzufordern, nach Berlin zu kommen und
dort seinen eben genannten Anhängern noch nähere Aufschlüsse
über seine Entdeckung zu geben. So ehrenvoll diese Aufforderung nun auch für Mesmer war, so wenig war derselbe wegen Alter und Kränklichkeit in der Lage, nach der
Hauptstadt Preußens, wo Professor Wolfart eine magnetische

Klinik unterhielt, überzusiedeln. Überhaupt hatte merk=
würdigerweise gerade in dem wegen seines schnoddrigen
Witzes berüchtigten Berlin der Magnetismus durch die Be=
mühungen der genannten berühmten Ärzte großes Interesse
erregt; selbst der Staatskanzler von Hardenberg war ein
Förderer der neuen Lehre, und König Friedrich Wilhelm III.
ernannte im Sommer des Jahres 1812 eine unter dem
Präsidium des berühmten Arztes Staatsrat Dr. Hufeland
stehende Kommission, welche — da Mesmer den Wunsch nach
Entsendung eines wissenschaftlichen Prüfungskommissars aus=
gedrückt hatte — Professor Dr. Wolfart als königlichen
Kommissar nach Frauenfeld schickte. Die demselben ausge=
stellte Vollmacht lautete:

„Herr Professor Dr. Wolfart wird hierdurch von der unterzeichneten
Kommission beauftragt und autorisiert, den Erfinder des Magnetismus,
Herrn Dr. Mesmer, um Mitteilung alles dessen, was zur näheren Be=
stätigung, Berichtigung oder Aufklärung dieses wichtigen Gegenstandes
dienen kann, zu ersuchen und den Zweck der Kommission auf seiner Reise
möglichst zu fördern.“

Berlin, den 6. September 1812.

Dr. Hufeland,

königlich preußischer Staatsrat und
Leibarzt, als Direktor der zur Unter=
suchung des Magnetismus von der
Regierung niedergesetzten Kommis=
sion.“

Wolfart reiste nach Frauenfeld, wo er von dem 78jährigen
Mesmer geradezu entzückt ward, und schreibt von dort über
denselben[1]):

„Meine Erwartungen sah ich durch die erste persönliche Bekannt=
schaft mit dem Entdecker des Magnetismus übertroffen. Ich fand ihn
in seinem, von ihm selbst ausgesprochenen wohlthätigen Wirkungskreis
beschäftigt. In seinem hohen Alter schien das Umfassende, Helle und
Durchdringende seines Geistes, sein unermüdeter, lebendiger Eifer, sich
mitzuteilen, sein ebenso leichter als seelenvoller, durch die Behendigkeit

---

[1]) Vergl. Kerner a. a. O. S. 151 ff.

der Gleichnisse durchaus eigentümlicher Vortrag, sowie die Feinheit seiner Sitten, die Liebenswürdigkeit seines Umgangs umso bewundernswürdiger. Nimmt man dazu einen Schatz positiver Kenntnisse in allen Zweigen des Wissens, wie sie sich in seinem ganzen Sein, in seinen Worten, seinen Handlungen und Umgebungen ausspricht, nimmt man noch dazu eine thätige, fast wunderbare Kraft der Einwirkung auf Kranke bei dem durchdringenden Blick oder der bloß still erhobenen Hand, und alles das durch eine edle, Ehrfurcht einflößende Gestalt gehoben, so hat man in den Hauptzügen ein Bild von dem, was ich an Mesmer als Individuum fand."

Mesmer, welcher bei dem Verfahren der preußischen Kommission nicht — wie bei der französischen — Rabulisterei, sondern aufrichtiges Entgegenkommen sah, legte sein ganzes Verfahren Wolfart offen dar, erläuterte sein ganzes System und führte die Wirkung seiner Heilmethode an Kranken praktisch vor. Die Heilungsgeschichte einer von dem Frauenfelder Ortsarzt Dr. Keller erfolglos behandelten und deshalb von demselben Mesmer übergebenen Kranken schildert Wolfart mit folgenden Worten:

„Es war ein 17jähriges, schon entwickeltes Mädchen von sehr bleicher Farbe; dasselbe litt schon seit mehreren Jahren an einem im rechten Hypochondrium nach der linken Seite sich fixierenden periodischen Schmerz. Es hatte sich dieser zwar seit einigen Monaten verloren, dagegen war die Respiration äußerst gehemmt, die Muskularverrichtungen erschlafft; nach einer unruhigen Nacht, die ohne erquickenden Schlaf meistens in einem soporosen Zustand bestand, fühlte sie sich am Morgen äußerst ermattet, wollte sie das Bett verlassen, so war sie genötigt, sich wegen Ohnmacht wieder niederzulegen. Ihr Puls war unterdrückt, die Verdauung ganz schlecht, und kam nach einem halb schlafend zugebrachten Tag der Abend, so befiel sie ein Übelsein, daß ohne die horizontale Lage jedesmal eine Ohnmacht erfolgt wäre. Vor einigen Monaten wurde sie plötzlich von einem heftigen Schmerz in der Lebergegend befallen, Konvulsionen verhinderten das Schlingen, mit Mühe konnte man ihr einen Löffel Arznei reichen. Dieser Zustand dauerte mehrere Tage, die spasmodischen Zufälle vermehrten sich, daß sie zu ersticken drohte, Schaum vor den Mund trat und sie dabei keinen Laut sprechen konnte, obschon sie alles leicht hörte, was man sie frug. Seit dieser Zeit zeigte sich der lebhafte Schmerz nicht mehr, sondern vielmehr ein Stumpfsein, eine Abgeschlagenheit aller Verrichtungen des Körpers, vorzüglich aber unterdrücktes Atmen; unvermögend, die horizontale Lage auszuhalten, schlich sie unthätig die wenigen Stunden des Tages dahin und suchte sich, da sie sonst arbeitsam war, so viel als möglich durch leichte Arbeit zu be= schäftigen." —

Am 8. Oktober 1812 wurde die Kranke zu Mesmer gebracht, und Wolfart berichtet weiter:

„Als die Kranke von Dr. Keller zu Mesmer gebracht wurde, wurden nur die Konvulsionen als Hauptsymptom der bloß angeblichen Nervenkrankheit erwähnt. Bei der magnetischen Krankenuntersuchung von Mesmer nach seiner Methode, sowie er nämlich nur, prüfend sein Eigengefühl, die Hand gegen sie, vor sie hintretend, erhob, zeigten sich ihre krampfhaften Zufälle aufs heftigste in einem solchen Wechsel, daß alle zum Vorschein kamen, welche sie seit langer Zeit gehabt hatte, wie Herr Dr. Keller versicherte und man aus der vorstehenden Beschreibung entnehmen konnte. Bald fiel sie in einen Ohnmachtsschlaf, und Mesmer erklärte nun: sie habe als jetzt bestehende Quelle ihrer Übel Leber= und Milzverstopfungen, und es würden sich bald heftige Gallenergießungen als kritische Ausleerungen zeigen. In dem Zustande der Ohnmacht blieb sie von halb zehn bis zwölf Uhr. Hätte man es gewollt und sie ange= redet, sie wäre wohl ohne allen Zweifel schlafwachend geworden, denn den Gesichtsausdruck dieses Überganges hatte sie schon. Indessen blieb sie sich selbst überlassen ruhig, da sie an das Baquet zu andern Kranken gebracht worden und aus der Ferne mitunter von Mesmer magnetisiert wurde. Nach zwölf Uhr, da sie nicht erwachte — und er hatte es uns schon vorher bestimmt, sie werde wohl in seiner Nähe nicht leicht er= wachen —, ließ er sie in diesem Zustande nach Hause bringen. Dort blieb Schlaf, zwar mit einigen Konvulsionen noch etwas abwechselnd, im ganzen späterhin doch ein Schlaf, nur durch starke Neigung zum Er= brechen einmal unterbrochen, der bis zum andern Tag währte. Sie konnte an diesem zweiten Tag nicht zu Mesmer kommen, denn heftiges Erbrechen war eingetreten. Alles war in Angst, denn dabei war der konvulsivische Zustand fast heftiger als je. Botschaft über Botschaft kam an den ehrwürdig ruhigen Greis; man glaubte, die Kranke werde ver= scheiden müssen. Dr. Keller war äußerst bedenklich und betreten über diese Zufälle. Alle beruhigte Mesmer und lächelte. Das solle und müsse ja alles so sein, meinte er, und er zweifelte nicht daran, sie morgen zu Fuß zu sich kommen zu sehen. Dies geschah. Wir fanden die Kranke ganz verändert. Schon vor und bei dem ersten Erbrechen hatte sie Schmerz in dem linken Lappen der Leber und der Milzgegend empfunden; derselbe stellte sich sogleich am Baquet ein, und zwar wiederum

heftiger, da Züge mit der Hand gemacht wurden. Aber weder Konvul=
sionen noch Ohnmacht kam zum Vorschein. Sie war sehr munter und
belebt, fast völlig hergestellt; nur noch einige leichte Empfindungen stellten
sich beim Magnetisieren ein, als ich am 13. Oktober von Frauenfeld
abreiste. — Den obigen Krankenbericht hat Mesmer geflissentlich gelesen,
nachdem er die Krankheit behandelt, beurteilt und so schnell gehoben
hatte."

Wolfart legte nach seiner Rückkehr der Kommission
einen dreizehn Bogen starken Bericht über seine Erfahrungen
vor und schrieb am 20. November 1812 an Mesmer:

„Die Teilnahme, womit ich von aller Welt empfangen wurde,
die Angelegenheit, womit alles sich nach Ihnen bei mir erkundigte, kann
ich Ihnen nicht genug rühmen; diese allgemeine Teilnahme aber sowohl
von den angesehensten Gelehrten und Ärzten der Hauptstadt, als auch
von dem größeren Publikum ist es, welche die segensreichen Folgen Ihrer
wichtigen Mitteilungen auf alle Fälle sichert."

Unterdessen waren die Gegner nicht müssig. Zschokke
hatte in den „Aarauer Miscellen" einen Gift und Galle
gegen den Mesmerismus speienden Aufsatz vom Stapel ge=
lassen, welcher auch in Berlin Verbreitung fand, und ein
ungenannter Schweizer Arzt hatte ein noch giftigeres, von
Verleumdungen strotzendes Machwerk an die „Allgemeine
Zeitung" eingesandt. Dasselbe gab dem Berliner Departe=
mentschef des Kultus und der allgemeinen Polizei, Herrn
von Schuckmann, einen eingefleischten Gegner des Mes=
merismus, Gelegenheit, ein gegen Wolfart gerichtetes Publi=
kandum zu veröffentlichen, worin er — die vom König
niedergesetzte Kommission und die Parteinahme Harden=
bergs ignorierend — dessen Sendung als eine nicht offi=
zielle hinzustellen sucht und gegen den animalischen Magne=
tismus in jeder Weise loszieht. Doch scheint er wenig An=
klang gefunden zu haben, denn Wolfart schreibt in den oben
erwähnten Brief an Mesmer[1]):

„nicht bloß ganz Berlin ist indigniert, so daß ich von allen Seiten

---

[1]) Vergl. Kerner a. a. O. S. 157.

von Bekannten und Unbekannten Beweise von der dadurch nur ver=
mehrten Achtung für Ihre Sache, für Sie selbst und mich als Ihren
wärmsten. Anhänger, Verteidiger und Freund, erhalte, sondern auch die
höchste Behörde verleugnet die Gesinnungen nicht, welche in den Ihnen
gleichfalls im Original vorgelegten und abschriftlich mitgeteilten Schreiben
des Staatskanzlers ausgedrückt sind."

In Berlin mußte Schuckmanns Verfahren eine lebhafte
Reaktion zu Gunsten des Magnetismus hervorgerufen haben,
denn wie Wolfart im Februar 1813 an den mittlerweile
nach Konstanz übergesiedelten Mesmer schrieb, erschienen
zahlreiche Zeitungsartikel gegen Schuckmann. Reil forderte
Wolfart zu öffentlichen Vorträgen über den Magnetismus
auf; die magnetische Klinik des letzteren hatte den größten
Zulauf, und Geheilte wie Ärzte trugen demselben Grüße der
Verehrung und Liebe an Mesmer auf. — Dabei ist her=
vorzuheben, daß Wolfart die Abneigung gegen den Mag=
netismus auf die somnambulistischen Gaukeleien der Straß=
burger Schule schiebt, mit denen das Publikum den echten
Somnambulismus und Mesmerismus verwechselte.

Nach Konstanz übergesiedelt, lebte Mesmer, wie Kerner
aus dessen Originalmanuskripten ersah[1], mit einer Haushälterin
in einem bequemen Hause von einer ihm vom französischen
Staat gezahlte Jahresrente von 3000 Gulden, hielt sich
Pferd und Wagen und lebte nur seiner Gesundheit. In=
teressant ist, daß Mesmer nach derselben Niederschrift in
Paris durch seine Kunst über eine Million Francs erworben
hatte, von denen er eine halbe Million beim Staat in
rentes viagères anlegte, während die andere halbe Million
durch wohlthätige Unternehmungen und die Verschwendung
von Mesmers Frau zu Wasser wurde. Von der beim Staat
angelegten halben Million verlor Mesmer durch den Assignaten=
sturz 400000 Livres und mußte sich an obiger staatlicher
Jahresrente genügen lassen.

---

[1] Vergl. Kerner a. a. O. S. 162.

Durch den Wiederausbruch des Krieges wurde 1813 die schon in völligem Gang gewesene Prüfungskommission unterbrochen und schließlich ganz aufgegeben, wohingegen Mesmer am 27. Februar des genannten Jahres in den deutschen Zeitungen die öffentliche Bekanntmachung seines Systems durch den Druck auf Wolfarts Andringen ankündigte. Wolfart gab dasselbe ein Jahr später unter dem Titel heraus: „Mesmerismus oder System der Wechselwirkungen, Theorie und Anwendung des tierischen Magnetismus als die allgemeine Heilmethode des Menschen von Dr. F. Anton Mesmer.“ Ich werde auf dieses jetzt zu den bibliothekarischen Seltenheiten gehörende Werk zurückkommen.

Im Sommer des Jahres 1814 zog Mesmer nach dem Dorfe Riedelsweiler und bald darauf nach Meersburg, um seinen dort lebenden Verwandten nahe zu sein. Diese Übersiedelung geschah, weil zu Paris eine Zigeunerin Mesmer prophezeit hatte, er werde sein 81. Lebensjahr nicht überleben. Weil nun die gleichzeitige Prophezeihung der Zigeunerin, daß der damals noch über eine Million verfügende Mesmer sein Vermögen verlieren werde, in Erfüllung gegangen war, so glaubte er auch fest an die Erfüllung dieses Teils der Weissagung, wie Kerner noch aus dem Munde von Leuten hörte, welche Mesmer persönlich gekannt hatten[1].

In Meersburg lebte Mesmer in gewohnter Weise, unterhielt einen regen Verkehr, besuchte eifrig die von dem Fürsten Karl von Dalberg, welcher von einem heftigen Gegner in einen Freund umgewandelt worden war, gegebenen Konzerte, fuhr fleißig aus und hatte seine Freude an seiner Zimmergärtnerei und seinem Kanarienvogel. Dabei sah er bei aller Mäßigkeit sehr auf einen guten Tisch und trank alle Mittage eine Flasche Wein. Gegen Wolfart äußerte

---

[1] Vergl. Kerner a. a. O. S. 195.

er sich in dieser Beziehung: Der Mensch unterscheide sich
besonders auch dadurch vom Tier, daß er bestimmt sei, sehr
vielerlei zu essen, und daß es gesünder und naturgemäßer
sei, wenn der Mensch sich imstande befinde, sich nicht bloß
von einem Gericht sättigen zu müssen, sondern nach der
Neigung seines Geschmackes von mehrerlei weniger äße[1]).
— Zur Stärkung seines Körpers gebrauchte Meßmer warme
Bäder.

Am 26. Februar 1815 wurde Meßmer von einem heftigen Anfall seines alten Blasenleidens und am 1. März
von einem schweren Schlaganfall mit rechtsseitiger Lähmung
befallen, infolgedessen er am 5. März sanft verschied und
unter Teilnahme der geistlichen und weltlichen Behörden
feierlich auf dem Friedhofe zu Meersburg beerdigt wurde.
— Er hinterließ seinen Verwandten 6000 Gulden, wodurch,
abgesehen von seiner Pension, die Fabel von seiner gänz-
lichen Verarmung widerlegt wird.

Meßmers Grabhügel befindet sich am Thore des Meers-
burger Friedhofes; in seiner Nähe ruhen Annette von
Droste=Hülshoff und Freiherr Joseph von Laßberg.

Durch Wolfarts Bemühungen wurde auf Meßmers
Grab ein Denkstein errichtet, den ein Verwandter des letzteren folgendermaßen beschreibt[2]):

„Auf einem Fußgestell von weißem Sandstein, welches drei Staf-
feln bildet, steht ein dreieckiger Marmorblock von 3½ Schuh Höhe und
2 Schuh Breite, an seinen Winkeln etwas abgestumpft, wie auch das
Fußgestell, so daß das Dreieck an die Ellipse hindeutet.

Auf den schön polierten Flächen dieses dreieckigen — als bedeut-
same Zahl — gleich einem Altar gestalteten Marmorsteins sind folgende
Inschriften und Sternbilder vertieft und gut vergoldet von der geschickten
Künstlerhand des Herrn Sporer, Bildhauer in Konstanz, angebracht:

Auf der Seite gegen Sonnenaufgang ruht das strahlende Auge
Gottes über dem Namen: Franz Anton Meßmer.

---

[1]) A. a. a. O. S. 203.
[2]) Kerner a. a. O. S. 211.

Gegen Nordwest ist in einem Abbild von Kreisen das Sonnen=
system mit Sonne, Mond, Sternen und der Erdkugel dargestellt.

Unter dem Erdkreise wird Mesmers irdisches Dasein ausgedrückt
durch die Worte: geboren am 23. Mai 1734. Es bezieht sich das Ganze
zugleich auf seine große Entdeckung der allgemeinen Wechselwirkung des
Allmagnetismus, und so erscheint hier seine Idee und seine Entdeckung:
Dissertatio de influxu planetarum in corpus humanum.

Gegen Südwest zeigt die als strahlender Stern brennende Fackel,
mit welcher der Palmzweig ein Kreuz bildet, sein ruhiges friedliches
Hinübergehen zum Licht über dem ‚gestorben den 5. März 1815‘ an.

Auf der obern Fläche ist schließlich noch Leben und Bewegung
durch Sonnenuhr und Boussole als in Zeit und Raum dargestellt. So
enthält diese glückliche Allegorie eine Epos über den Toten und seine
Entdeckung.“

Zu Kerners Zeit (1856) war das Denkmal von bös=
williger Hand bereits beschädigt, Sonnenuhr und Boussole
herausgebrochen; die Stufen waren geborsten, und aus den
Ritzen wuchsen Dornen und Gestrüpp hervor. Heutzutage
ist es vielleicht ganz verfallen[1]).

Unsere Zeit setzt Leuten, deren Verdienste nicht entfernt
an die Mesmers heranreichen, Denkmäler. Soll dieses großen
Mannes Grab allein ohne ein solches bleiben?

---

[1]) Nach W. Wurm , ‚Darstellung der mesmerischen Heilmethode.“
München 1857. S. 16 u. 17 wurde das Grab in Folge eines Re=
skriptes der großherzogl. Regierung wieder hergestellt.

Siebentes Kapitel.

Mesmers Lehre.

In seinem Mémoire sur la Découverte du Magnétisme animal[1]) erzählt Mesmer weitläufig, wie er zur Entdeckung des animalischen Magnetismus kam, was er unter demselben verstand, und welches seine ersten Erfahrungen hinsichtlich seiner neuen Heilmethode waren. Ich habe dies oben kurz zusammengefaßt und gebe nun die siebenundzwanzig Sätze, in denen Mesmer — sich offenbar an Maxwell's Aphorismen anlehnend — sein System zur Darstellung bringt[2]).

1. Es besteht ein gegenseitiger Einfluß zwischen den Himmelskörpern, der Erde und den beseelten Körpern.

2. Das Mittel, durch welches dieser Einfluß wirkt, ist ein überall zusammenhängend, ohne einen leeren Raum zu dulden, verbreitetes Fluidum, dessen Feinheit keinen Vergleich zuläßt, und das seiner Natur nach geeignet ist, alle Eindrücke der Bewegung[3]) zu empfangen, fortzupflanzen und mitzuteilen.

3. Diese wechselseitige Einwirkung ist bisher unbekannten Gesetzen unterworfen.

----

[1]) Paris 1779, 12⁰. —

[2]) Mémoire etc. p. 74.

[3]) Bewegung ist bei Mesmer eines der erschaffenen Prinzipien. „Es giebt ein unerschaffenes Prinzipium. Es giebt in der Natur zwei erschaffene Prinzipien, die Materie und die Bewegung." Vergl. „Lehrsätze des Herrn Mesmer." Straßburg. 1785. Aph. 1.

4. Aus dieser Einwirkung entstehen abwechselnde Effekte, die man als eine Art Ebbe und Flut betrachten kann.

5. Diese Ebbe und Flut sind mehr oder weniger allgemein, mehr oder weniger besonders, mehr oder weniger zusammengesetzt, nach der Natur der sie bestimmenden Ursachen.

6. Durch diese Thätigkeit, die universellste der Natur, werden die einwirkenden Verbindungen zwischen den Himmelskörpern, der Erde und den Einzelkörpern derselben geknüpft.

7. Die Eigenschaften des Stoffes und des magnetisierten Körpers hängen von dieser Thätigkeit ab.

8. Der lebende Körper erfährt die abwechselnden Einwirkungen dieses Agens, indem es in die Substanz der Nerven eindringt, welche es unmittelbar affiziert.

9. Es giebt sich besonders im menschlichen Körper durch Eigen= schaften kund, welche analog denen des Magnetes sind; man unterscheidet auch bei ihm verschiedene und entgegengesetzte Pole, welche mitgeteilt, verwechselt, zerstört und wiederhergestellt werden können; selbst das Phänomen der Inklination hat man an ihm beobachtet.[1]

10. Die Eigenschaft des lebenden Körpers, welche ihn für den Einfluß der Himmelskörper und die gegenseitige Einwirkung der Um= gebung empfänglich macht, und die sich durch ihre Ähnlichkeit mit denen des Magnetes offenbart, hat mich bestimmt, sie animalischen Magnetis= mus zu nennen.

11. Die eben charakterisierte Wirkung und Kraft des animalischen Magnetismus kann andern beseelten und unbeseelten Körpern mitgeteilt werden.

12. Diese Wirkung und Kraft kann durch die nämlichen Körper verstärkt und fortgepflanzt werden.

13. Man beobachtet erfahrungsgemäß die Strömung eines Stoffes, dessen Feinheit alle Körper durchdringt, ohne merklich an seiner Kraft einzubüßen.

14. Er wirkt auf sehr weite Entfernungen ein, ohne einen ver= mittelnden Körper zur Beihilfe zu bedürfen.

15. Er wird, wie das Licht[2], durch Glas verstärkt und zurückge= worfen.

---

[1]) Soll dies vielleicht heißen, daß besonders organisierte Naturen die Magnetnadel ablenken?

[2]) Maxwell sah das Licht als das Vehikel des Weltgeistes und Universalheilmittels an. Med. magn. Aph. 78.

16. Er wird durch den Schall mitgeteilt, fortgepflanzt und verstärkt.

17. Diese magnetische Kraft kann aufgehäuft, konzentriert und transportiert werden.

18. Ich habe gesagt, daß beseelte Körper nicht gleich empfänglich wären; ja es giebt sogar, obgleich sehr selten, solche, welche eine so entgegengesetzte Eigenschaft haben, daß ihre bloße Gegenwart alle Wirkungen des Magnetismus in andern Körpern zerstört.

19. Diese entgegengesetzte Kraft durchdringt ebenfalls alle Körper; sie kann ebenso mitgeteilt, fortgepflanzt, angehäuft, konzentriert, transportiert,. durch den Spiegel reflektiert und durch den Ton übertragen werden, woraus sich ergiebt, daß sie nicht ein bloßer Verlust (Privation), sondern eine positive entgegengesetzte Kraft ist.

20. Der natürliche wie der künstliche Magnet ist sowohl für den animalischen Magnetismus als für die ihm entgegengesetzte Kraft empfänglich, ohne daß in dem einen oder dem andern Fall seine Einwirkung auf das Eisen oder die Kompaßnadel eine Veränderung erleidet, was darthut, daß das Prinzip des animalischen Magnetismus wesentlich von dem des Mineralmagnetismus verschieden ist.

21. Dieses System wird neue Aufklärungen über die Natur des Feuers und des Lichtes, ebenso wie über die Theorie der Anziehung, der Ebbe und Flut, des Magnets und der Elektricität liefern.

22. Es wird erkennen lassen, daß der Magnet und die künstliche Elektricität bezüglich der Krankheiten nur Eigenschaften besitzen, welche sie mit andern uns von der Natur dargebotenen Mitteln gemein haben, und daß, wenn sie einige nützliche Eigenschaften in der Behandlung derselben besitzen, sie diese dem animalischen Magnetismus verdanken.

23. Man wird durch die Thatsachen erkennen, daß nach den Regeln, welche ich mitteilen werde, dieses Prinzip unmittelbar die Nervenkrankheiten und mittelbar die übrigen heilen kann.

24. Mit Hilfe desselben wird die Medizin über den Gebrauch der Medikamente aufgeklärt, damit sie deren Wirkung verstärke, heilsame Krisen hervorrufe und lenke in der Weise, daß sie sich zum Herrn derselben macht.

25. Indem ich meine Methode mitteile, werde ich durch eine neue Theorie der Krankheiten die universelle Nützlichkeit des Prinzips darthun, welches ich ihnen entgegensetze.

26. Mit dieser Kenntnis ausgerüstet, wird der Arzt sicher über den Ursprung, die Natur und das Fortschreiten auch der verwickeltsten Krankheiten urteilen; er wird das letztere verhindern und wird sie heilen, ohne jemals den Kranken gefährlichen Zufällen oder beschwerlichen Folgen

hinsichtlich des Alters, Temperamentes oder Geschlechtes auszusetzen. Die Frauen werden selbst im Zustand der Schwangerschaft und während der Geburt diesen Vorteil genießen.

27. Diese Lehre wird endlich die Medizin in den Stand setzen, richtig über den Grad der Gesundheit einer jeden Person zu urteilen und dieselbe vor den Krankheiten, denen sie sonst ausgesetzt wäre, zu behüten. Die Heilkunst wird auf diese Weise zur größten Vollkommen= gelangen.

Diese siebenundzwanzig Sätze sind eigentlich nur eine Ankündigung von Mesmers System, denn ausführlich bringt er dasselbe zuerst in den von mir bereits citierten Aphorismes oder Lehrsätzen zur Darstellung. In denselben stellt Mesmer zunächst in 134 Paragraphen eine Art physikalisches Lehr= gebäude auf, das zu weitläufig und zu unklar ist, als daß ich hier einen Auszug davon geben könnte. Schließlich kommt er zu dem Resultate, „daß der gegenseitige Einfluß und die Beziehungen aller miteinander existierenden Körper" das bilden, was man Magnetismus nennt.

In dem Kapitel „von dem Menschen" betrachtet Mesmer denselben in Bezug auf Schlaf und Wachen, Gesundheit und Krankheit, und findet auch in ihm seine beiden Ur= prinzipien. Im Schlaf ergänzt der Mensch den Verlust der Bewegung (Mesmer würde besser Kraft sagen) aus den das All durchflutenden magnetischen Strömen, und die Sättigung des Organismus aus der Fülle derselben bestimmt das Er= wachen.

Die Gesundheit besteht nach Mesmer im „Zustand der Harmonie" aller körperlichen Verrichtungen[1]). Krankheit ist der entgegengesetzte Zustand, in welchem die Harmonie zer= stört ist, und da es nur eine Harmonie giebt, so giebt es auch nur eine Gesundheit und ein Universalmittel. Das „Gesundheitsmittel" ist dasjenige Mittel, welches die zerstörte

---

[1]) Aph. 147. Mesmer spricht ebenso unaufhörlich von „Harmonie" wie Davis. Da letzterer von einem Mesmeristen ausgebildet wurde, ist der Zusammenhang klar.

Harmonie wieder herstellt. Das Prinzip, aus welchem die allgemeine Harmonie besteht, welches die Harmonie erhält und wieder herstellt, ist das Prinzip der Erhaltung und identisch mit dem Prinzip der Heilung[1])

Das Lebensprinzip ist ein Teil der allgemeinen Bewegung und gehorcht den gemeinschaftlichen Gesetzen des „allgemeinen flüssigen Wesens;" deshalb ist es allen Eindrücken des Einflusses der Himmelkörper, der Erde u. s. w. unterworfen. Dieses Vermögen oder die Eigenschaft des Manschen für all diese Beziehungen und Eindrücke empfänglich zu sein, ist der animalische Magnetismus[2]).

Der Mensch befindet sich fortwährend innerhalb magnetischer, ihn durchdringender Ströme, welche stärkend auf ihn einwirken. Der Magnetismus folgt dem Körper des Menschen in der Richtung der am meisten hervorragenden Teile, aus welchen die Ströme dieses Fluidums ausfließen und in welche andere einströmen, wenn ihnen empfängliche Körper gegenübergestellt werden. Diese Ströme können zusammengedrängt und so in ihrer Intensität verstärkt werden. Die Punkte des Aus- und Einfließens der Ströme werden — analog dem Magneten — Pole genannt. Wenn an einem Körper ein Pol gebildet wird, wird dadurch sofort ein zweiter geschaffen. Inmitten der Pole geht eine Linie des Gleichgewichtes, wo alle magnetische Wirkung aufhört[3]).

Die magnetischen Ströme können auf eine beträchtliche Strecke hinaus durch den Zusammenhang der Körper, des Wassers, der Luft und des Aethers fortgepflanzt und mitgeteilt werden. — Alle Körper, die in einer Spitze endigen, dienen dazu, die Ströme aufzunehmen und ihre Ableiter

---

[1]) Aph. 148—153.

[2]) Aph. 158 und 159.

[3]) Aph. 160—164. Ganz Gleiches hatte schon Robert Fludd gesagt.

und Konduktoren zu werden, die man als Öffnungen von Kanälen ansehen kann, aus welchen die magnetischen Ströme fließen. Diese Ströme durchdringen sowohl feste als flüssige Körper und können verstärkt werden durch innerliche und lokale Bewegungen, Töne, Wind, Reibung und Applikation von Mineralmagneten und lebenden Körpern. Sie können konzentriert und wie in einem Behälter gesammelt werden, um nachher in verschiedenen Richtungen verteilt zu werden und ihre wohlthätigen Wirkungen ausüben zu können[1].

Mesmer giebt nun nach seiner Theorie eine Erklärung des Lebens und des Todes:

„Das Leben des Menschen ist der Teil der allgemeinen Bewegung, der in seinem Ursprung spannend geworden, einen Teil der Materie zugewandt hat und bestimmt ward, die Organe und Eingeweide zu bilden und nachher ihre Verrichtungen zu unterhalten und zu ordnen. — Der Tod ist die gänzliche Zerstörung der spannenden Bewegung; das Leben der Menschen fängt mit Bewegung an und endigt mit Ruhe; so wie in der ganzen Natur die Bewegung die Quelle aller Kombinationen und der Ruhe ist, ebenso wird auch beim Menschen das Lebensprinzipium die Ursache des Todes.“[2]

„Jede Entwickelung und Bildung des organischen Körpers besteht in den verschiedenen und aufeinanderfolgenden Beziehungen zwischen der Bewegung und der Ruhe; da nun ihre Quantität bestimmt ist, so muß folglich auch die Anzahl der möglichen Beziehungen zwischen beiden bestimmt sein. Der Abstand zwischen zwei Punkten kann die Dauer des Lebens abbilden. — Wenn man den einen Punkt für die Bewegung, den andern für die Ruhe annimmt, so machen die aufeinanderfolgenden Fortschritte der verschiedenen Verhältnisse beider den Gang und die Veränderung des Lebens aus“[3]

Diese Fortschritte der verschiedenen Modifikationen zwischen der Bewegung und Ruhe können in genauerem Verhältnisse zu einander stehen, oder dies Verhältnis kann zerrüttet sein. — Wenn der Mensch diese Fortschritte zurücklegt, ohne daß ihre Verhältnisse dadurch zerrüttet werden, so genießt er eine vollkommene Gesundheit und erreicht sein

---

[1] Aph. 165—172.
[2] Aph. 198 und 199.
[3] Aph. 200—202.

letztes Ziel ohne Krankheit; sobald diese Verhältnisse in Unordnung ge=
bracht werden, so fängt die Krankheit an. Die Krankheit ist also nichts
anderes, als eine Zerrüttung in den Fortschritten der Bewegung des
Lebens. Die Zerrüttung kann sowohl in den dichten als auch in den
flüssigen Dingen existierend betrachtet werden. Wenn sie in den dichten
Teilen vorhanden ist, so zerstört sie die Harmonie der Eigenschaften der
organischen Teile, indem sie die einen vermindert und die anderen ver=
mehrt; wenn sie in den flüssigen ist, so verwirrt sie ihre lokale und
innere Bewegung. Die Abweichung von der Bewegung in den dichten
Teilen zerrüttet, indem sie ihre Eigenschaften verändert, die Verrichtungen
der Eingeweide und ihre Verschiedenheiten. Die Abweichung von der
inneren Bewegung der Säfte macht sie ausarten, die Abweichung von
der lokalen Bewegung bringt Verstopfung und Fieber hervor: Ver=
stopfung durch Schwächung oder Zerstörung der Bewegung, das Fieber
durch die Beschleunigung derselben. Die Vollkommenheit der dichten
Teile oder der Eingeweide besteht in der Übereinstimmung aller ihrer
Eigenschaften und ihrer Verrichtungen; die Beschaffenheit der flüssigen
Teile und ihre innere lokale Bewegung sind das Resultat der Verrich=
tungen der Eingeweide."[1]

„Um die allgemeine Harmonie des Körpers wiederherzustellen, ist
es hinreichend, wenn man die Verrichtungen der Eingeweide wieder herstellt,
denn wenn ihre Verrichtungen einmal wiederhergestellt sind, so assimilieren
sie alles, was assimiliert werden kann, und trennen, was sich nicht assi=
milieren läßt. Diese Wirkung der Natur auf die Eingeweide nennt
man Krisis"[2]

Da nach Mesmer die Krankheit eine Abweichung von
der Harmonie ist, so kann dieselbe mehr oder weniger be=
trächtlich sein und mehr oder weniger fühlbare Wirkungen,
die Symptome, hervorbringen. Wenn diese Symptome
die Wiederherstellung der Harmonie bezwecken, so werden sie
kritische Symptome genannt und ihre Kenntnis ist eine
Hauptaufgabe des Magnetiseurs.

„Ein Körper, der in der Harmonie ist, fühlt die Wirkung des Mag=
netismus nicht, weil sie das festgesetzte Verhältnis oder die Harmonie
durch die Anwendung einer einförmigen und allgemeinen Einwirkung
nicht verändert; im Gegenteil, ein Körper, der nicht in Harmonie ist,

---

[1] Aph. 203.
[2] Aph. 204.

das heißt, der in einem Zustande ist, in welchem die Verhältnisse zer=
rüttet sind, wird in diesem Zustande, ob er gleich gewöhnlicherweise nichts
fühlte, dennoch durch den Gebrauch des Magnetismus nach und nach
fühlbar (soll wohl heißen empfindlich) werden, weil durch diesen Gebrauch
das Verhältnis oder die Dissonanz vermehrt wird."[1]

„Daraus kann man ersehen, daß man wieder für den Magnetis=
mus fühllos wird, wenn die Krankheit geheilt ist; dies ist das Kriteri=
um der Genesung. — Ferner begreift man, daß die Einwirkung des
Magnetismus nach den Schmerzen zunimmt. — Die Wirkung des Mag=
netismus hemmt die Abweichung vom Zustande der Harmonie. — Aus
dieser Wirkung folgt, daß die Symptome durch den Gebrauch des Mag=
netismus aufhören. — Ferner folgt daraus, daß das Streben der Natur
gegen die Ursachen der Krankheiten durch den Magnetismus gestärkt
wird und folglich die kritischen Symptome vermehrt werden. — Aus
diesen verschiedenen Wirkungen kann man die verschiedenen Symptome
unterscheiden lernen. — Die Entwickelung der Symptome geschieht in
umgekehrter Ordnung, in welcher sich die Krankheit gebildet hat. — Man
muß sich die Krankheit als einen Knäuel vorstellen, der gerade so wieder
abgewickelt wird, wie er angefangen und zugenommen hat. — Keine
Krankheit wird ohne Krisis geheilt. — In einer Krisis muß man drei
Hauptepochen beobachten: Die Zerrüttung, die Kochung und die Aus=
leerung."[2]

Hat Mesmer bisher im allgemeinen eine Theorie des
Magnetismus aufgestellt, aus welcher ich das Wesentlichste
absichtlich mit seinen eigenen Worten mitteilte, so geht er
jetzt zu einer Theorie der Anwendung des Magnetismus
über, welche ebenso unklar und unbeholfen dargestellt ist wie
seine sämtlichen Lehren. Das Wichtigste ist, daß nach Mesmer
alle Körper mehr oder weniger unmittelbar durch ein und
ausgehende magnetische Ströme aufeinander wirken, je nach=
dem sie einander mehr oder weniger ähnlich sind. Ähn=
liches wirkt am kräftigsten auf Ähnliches, folglich übt der
Mensch auf den Menschen den stärksten Eindruck aus[3].

---

[1] Aph. 210.

[2] Aph. 211—220. Der letzte Satz ist eine Konzession Mesmers
an die alte medizinische Theorie, welche sich das Entstehen und Vergehen
der Krankheiten analog der Eiter= oder Absceßbildung vorstellte.

[3] Aph. 237.

11*

Dabei ist jedoch die Stellung nicht gleichgültig, welche zwei
Menschen bei einer magnetischen Manipulation zu einander
einnehmen:

„Zwei Menschen müssen, damit sie so stark als möglich aufeinander
wirken, Gesicht gegen Gesicht kehren. In dieser Stellung rufen sie die
Spannung ihrer Eigenschaften auf eine harmonische Art hervor und
können angesehen werden, als machten sie nur ein Ganzes aus. Wenn
bei einem allein sich befindenden Menschen ein Teil leidet, so nimmt die
ganze Lebenskraft ihre Richtung dorthin, um die Ursache des Leidens
zu zerstören. Ebenso wenn zwei Menschen aufeinander wirken, so geschieht es, daß die Kraft dieser Vereinigung mit einer der Vermehrung
der Masse verhältnismäßigen Stärke auf den kranken Teil wirkt. Man
kann also überhaupt sagen, daß die Wirkung des Magnetismus
m Verhältnis mit den Massen zunimmt. Man kann auch die
Wirkung des Magnetismus auf diesen oder jenen Teil lenken; man darf
nur den genauesten Zusammenhang zwischen den Teilen, die man berühren will, und dem Individuum, welches berührt werden soll (?),
stiften. Unsere Arme können als Konduktoren angesehen werden, die
tauglich sind, den Zusammenhang zu bewirken. Aus dem, was wir nun
von der vorteilhaftesten Stellung zweier aufeinander wirkender Wesen gesagt haben, folgt, daß man die rechte Seite mit dem linken Arm und
so gegenseitig berühren müsse, um die Harmonie des Ganzen zu unterhalten. Aus dieser Notwendigkeit entsteht die Entgegensetzung der Pole
in dem menschlichen Leibe. Die Pole machen, wie bei dem Magnet
bemerkt, Opposition gegeneinander, sie können verändert, mitgeteilt, zerstört, gestärkt werden."[1]

Mesmer teilt, wie Fludd, den Menschen durch eine
Vertikallinie in zwei Hälften von ungleicher Polarität, ohne
jedoch ein Wort von positivem oder negativem Magnetismus
zu sagen. Er wiederholt nur bereits über Verstärkung, Auf-
hebung und Fortpflanzung des animalischen Magnetismus
Gesagtes und fügt hinzu, daß nächst lebenden Körpern Vege-
tabilien und von anorganischen Körpern Eisen und Glas
den Magnetismus am besten verstärken und fortpflanzen[2].

Mesmer läßt diesem Abschnitt seiner Schrift Beob-

---

[1] Aph. 238.
[2] Aph. 239 und 240.

achtungen über Nervenkrankheiten folgen, aus welchen her=
vorzuheben ist, daß er das Od lange vor Reichenbach
kannte. Er sagt von dem Auge der Sensitiven[1])

„Die dickste Finsternis ist für dasselbe nicht dunkel genug, um nicht
eine hinreichende Quantität Strahlen zu sammeln, die Gestalt verschie=
dener Körper zu unterscheiden und ihre Verhältnisse bestimmen zu kön=
nen. Ja, diese Personen können sogar Gegenstände durch solche Körper
hindurch, die uns dunkel scheinen, unterscheiden; dies beweiset, daß die
Dunkelheit der Körper keine besondere Eigenschaft, sondern ein Umstand
ist, welcher mit dem Grade der Reizbarkeit unserer Organe in gleichem
Verhältnis steht."[2])

Von einer andern Sensitiven sagt Mesmer:

„Die Haut schien ihr ein Sieb zu sein, sie unterschied durch diesel=
bige das Gewebe der Muskeln in den fleischigen Teilen und die Ver=
bindung der Knochen in den vom Fleisch entblößten Teilen; sie erklärte
dies alles auf eine sehr sinnreiche Art und war zuweilen ungehalten
auf den Mangel und die Unzulänglichkeit unserer Ausdrücke ihre Be=
griffe zu entwickeln.[3]) Ein sehr dünner aber dunkler Körper verhinderte
sie nicht, die Gegenstände durch denselben zu unterscheiden; er verminderte
nur wenig den Eindruck, welchen sie davon empfing, so wie uns ein
unreines Glas thun würde.[4]) — Deswegen sah sie auch alsdann, wann
sie die Augenlieder niedergeschlagen hatte, noch besser als ich und oft
ließ ich sie, um mich von der Wirklichkeit dessen, was ich mir sagte, zu
überzeugen, die Hand auf diesen oder jenen Gegenstand ausstrecken, ohne
daß sie sich jemals geirrt hätte.[5]) — Eben diese Person sah auch alle Pole
des menschlichen Leibes von einem hellen Dunst erleuchtet; es war kein
Feuer, aber der Eindruck, den dieses auf ihre Organe machte, gab ihr
einen Begriff, der nicht sehr weit davon entfernt war, den sie aber nicht
anders als mit dem Worte Licht ausdrücken konnte.[6]) — An meinem
Haupte erblickte sie auf diese Art die Augen und die Nase. Die leuch=
tenden Strahlen welche aus den Augen hervorgehen, vereinigen sich ge=
wöhnlich mit den Strahlen der Nase um sie zu verstärken, und von da
ziehen sie sich sämmtlich gegen die nächste Spitze hin, welche man ihnen

---

[1]) Aph. 265.
[2]) Diese Sensitive war also sowohl hellsehend wie odisch empfänglich.
[3]) Aph. 267.
[4]) Aph. 268.
[5]) Aph. 269.
[6]) Aph. 273.

entgegenhält. Doch aber wenn ich meine Gegenstände von der Seite betrachten will, ohne den Kopf herumzudrehen, dann verlassen die beiden Strahlen die Spitze der Nase, um sich dahin zu ziehen, wohin ich es ihnen befehle.[1]) Jede Spitze der Augenhaare, der Augenbrauen und der Haupthaare giebt ein schwaches Licht von sich; der Hals und die Brust scheinen auch ein wenig zu leuchten; reiche ich ihr die Hände dar, so läßt sogleich der Daumen ein lebhaftes Licht bemerken, der kleine Finger ist um die Hälfte weniger erleuchtet, der zweite und vierte scheinen ihr Licht nur entlehnt zu haben, der Mittelfinger ist dunkel, die flache Hand ist auch erleuchtet".[2])

Wie Mesmer also bereits das Od kannte, so war er auf dem besten Wege auch die Psychometrie zu entdecken, wie folgender Paragraph beweist:

„Ich kenne eine sehr verständige Person, deren Nerven sehr reiz= bar sind, und deren Reizbarkeit sich ganz auf die Zunge befindet: da sie ihr Bewußtsein dabei behält, so hat sie mir oft gesagt: Mich dünkt, indem ich dieses Rindchen Brod esse, das nicht größer ist als ein Steck= nadelknopf, ich habe den ganzen Mund voll von dem vortrefflichsten Ge= schmack eines guten Stück Brotes, sondern ich empfinde auch besonders den Geschmack aller einzelnen Teilchen, aus welchen es besteht: das Wasser, das Mehl, kurz alles giebt mir eine Menge von Empfindungen, die ich nicht ausdrücken kann, und giebt mir Begriffe, die mit der äußer= sten Geschwindigkeit aufeinander folgen, die aber keine Worte zu bestim= men vermögend sind".[3])

Die letzten Bogen der Aphorismen widmet Mesmer der Darstellung seines Heilverfahrens. Er setzt sich also seinem Patienten gegenüber, legt diesem „um sich in Har= monie mit ihm zu versetzen," die Hände eine Zeitlang auf die Schultern, macht den Armen entlang Striche und hält die Daumen des Leidenden einige Augenblicke. Dies wieder= holt er dreimal, dann macht er Striche vom Kopf bis zu den Füßen und verweilt längere Zeit mit den Händen auf den leidenden Teilen. Dabei wendet er Daumen und Zeige= finger, die flache Hand, einen Finger allein oder die Spitzen

---

[3]) Aph. 282.
[1]) und [2]) Aph. 274.

sämtlicher etwas gekrümmten Finger an und läßt bei den Strichen einen kleinen Zwischenraum zwischen der Hand und dem zu magnetisierenden Körper. Verstärkt wird die Wirkung, wenn man anstatt der Finger beim Magnetisieren einen Konduktor benutzt, d. h. ein konisches, an der Basis fünf bis sechs Linien starkes Stäbchen von Eisen, Stahl, Gold, Silber, spanischem Rohr oder Glas. Gläserne und eiserne mit einem Magnet bestrichene Konduktoren hält Mesmer für die wirksamsten [1]).

Im folgenden beschreibt Mesmer seine Baquets, die er in nasse und trockene teilt. Ein nasses Baquet ist ein mit Flaschen voll magnetisiertem Wasser angefüllter Zuber: in die Zwischenräume zwischen den Flaschen wird gestoßenes Glas und Eisenfeile geschüttet und das Ganze mit Wasser gefüllt. Die trockenen Baquets sind mit Glas, Eisenteilen, Sand und Eisenschlacken gefüllte Zuber. In der Mitte der Baquets erhebt sich eine Eisenstange, an welcher ein sehr langer Strick befestigt ist. Die Kranken setzen sich um das Baquet und bilden einen Kreis, indem sie den Strick an die leidenden Teile anlegen und sich gegenseitig mit den rechten und linken Daumen ähnlich wie heute bei den spiritistischen Sitzungen berühren. Außerdem legen sie noch aus den Baquets hervorragende bewegliche gebogene Eisenstangen an die leidenden Teile, worauf sich nach und nach die verschiedenen Symptome, Krisen, Hellsehen u. s. w. einstellen, und endlich Heilung erfolgt. Außer diesen großen konstruierte Mesmer noch kleinere tragbare Baquets, welche unter die Betten nicht transportabler Kranker gestellt werden konnten; als die stärksten transportabeln Baquets betrachtet Mesmer mit Quecksilber gefüllte Glasflaschen [2]).

Mesmer magnetisierte auch Bäume, welche gewisser=

---

[1]) Aph. 287—292.
[2]) Aph. 295 — 303.

maßen als lebende Baquets wirkten, und zwar wählte er
junge, kräftige Eichen, Ulmen und Buchen mit reichem Ge=
zweig und möglichst wenig Knoten. Er stellte sich vor die=
selben und bildete Pole an ihnen, indem er sie an diametral
entgegengesetzten Orten mit der rechten und der linken Hand
berührte. Dann magnetisierte er die rechte Seite des Baumes
mit einem in der rechten Hand geführten Konduktor, die
linke mit einem in der rechten Hand gehaltenen von den
Blättern bis zum Fuß, magnetisierte dann die Wurzeln be=
sonders, umarmte den Baum und berührte noch eine Zeit=
lang die bereits markierten Pole. Hierauf befestigte er
Stricke an dem Baum und ließ um denselben von den
Kranken Ketten wie um die Baquets bilden. Der Baum
soll den Magnetismus einige Monate behalten, können. Nach
Mesmer empfanden selbst Gesunde die Wirkung des magne=
tisierten Baumes, während Leidende rasch in Krisen ver=
fielen[1]).

Während der magnetischen Behandlung empfiehlt Mesmer
reichliche Nahrung und alle Nahrungsmittel nach denen der
Kranke Verlangen hat, mit Ausnahme starker Weine, Liqueure,
Kaffee, Gewürze und Tabak. Als Getränk empfiehlt er
leichten, mit Wasser gemischten Wein und Limonade, auch
ist er ein Freund von Bädern und Klystieren[2]).

Bei der Epilepsie magnetisiert Mesmer vom Scheitel
bis zur Nasenwurzel mit der einen und vom Scheitel bis
tief in das Genick mit der andern Hand; bei Schlaganfällen
magnetisiert er Brust und Herzgrube mit der einen und das
Rückgrad in seinem ganzen Verlauf mit der andern Hand.
Bei Ohrenleiden, Taubheit und Stummheit läßt er den
Strick um den Kopf winden und einen Eisenstab des Ba=
quets in das Ohr oder den Mund nehmen und magnetisiert

---

[1]) Aph. 303.
[2]) Aph. 312 und 313.

Ohr oder Mund mit der Hand. Bei Augenleiden magne=
tifiert er die Augen mit der Hand oder dem Konduktor.
Hautleiden behandelt Mesmer mit magnetifiertem Wasser
und legt den Strick des Baquets an; ebenso behandelt er
Geschwülfte, Anschoppungen, Verstopfungen und Wunden.
Bei Kopfweh magnetifiert er Stirne, Schläfe und Magen,
bei Migräne Magen und Schläfe, bei Zahnweh die Kinn=
lade, bei Halsleiden den Hals, bei Brustleiden Bruft und
Rückgrat, bei den vielen Unterleibsleiden das leidende Organ
oder die Gegend desselben u. f. w. u. f. w.[1]).

Durch diese Behandlung sucht Mesmer die kritischen
Symptome und heftige Krisen — nur bei schwachen und
fehr empfindlichen Personen minder heftige — hervorzurufen,
mit deren Eintritt die Macht der Krankheit gebrochen ist
und die Heilung beginnt.

Dies ist der Kern des mesmerischen Heilverfahrens;
es bleibt nun noch eine Schilderung dessen übrig, was
Mesmer über Somnambulismus lehrt.

Unwahr ist die Behauptung Dupotets, daß Mesmer
den Somnambulismus erft durch Schüler Puhségurs kennen
gelernt habe, denn Puhségur trat 1784 auf, während Mesmer
in seinem 1780 geschriebenen Mesmerismus sagt:[2])

„Die Erscheinung des kritischen Schlafes, Somnambulismus ge=
nannt, läßt uns wohl einsehen, daß der Zustand des Schlafes nichts
weniger als ein negativer Zustand oder die bloße Abwesenheit des
Wachens sei: denn es läßt sich dabei die Beobachtung machen, daß der
Mensch im Schlaf alle seine Fähigkeiten, sowohl die geistigen als die
der Bewegungen, gar oft mit größerer Vollkommenheit als selbst im
Wachen ausüben kann. Dieser Zustand stellt den Menschen so dar, wie
er von Natur aus ist, ohne durch den Gebrauch der Sinne oder durch
einen fremden Einfluß anders geartet zu sein.“

Zum Verständnis dessen, was Mesmer nun weiter über
Somnambulismus uns lehrt, müssen wir erst die hierher ge=

---

[1]) Aph. 315—352.
[2]) S. 23.

hörigen leitenden Gedanken seines Systems vorausschicken, die allerdings recht unklar sind:

Mesmer sagt,[1]) daß das von ihm willkürlich gebrauchte Wort Magnetismus kein Substanz, sondern bloß eine Verbindung der Verhältnisse der Naturkräfte und der Wirkungen oder des Einflusses überhaupt und insbesondere auf den Körper des Menschen bezeichne. Die Uratome bilden Verbindungen verschiedener Art, und durch sie und zwischen ihnen gehen seine Flutstoffe ein und aus, wodurch die Polarität hervorgerufen wird. Zugleich entstehen sehr verschiedene Bewegungen der Atome, zu welchen das unerschaffene Prinzip, Gott, den ersten Anstoß gegeben hat. Die Atome sind kugelförmig, und je vollkommenere Kugeln die Atome eines Stoffes darstellen, desto flüssiger und leichter flutend ist derselbe. Das Universum besteht aus zwei Ordnungen von Ursachen und Wirkungen: der physischen und der moralischen Ordnung. Außer dem unerschaffenen Prinzip, Gott, giebt es — wie oben bereits erwähnt — zwei erschaffene: Stoff und Bewegung. Der Stoff ist überall nur einer, und nur die Bewegung bestimmt seine Modifikationen und alle überhaupt vorhandenen Möglichkeiten; die Art der bestimmten Bewegung, welche die Teile der Flut untereinander haben, nennt Mesmer Ton.

Die allgemeinen Eigenschaften der Körper sind nach Mesmer nur Wirkungen der Bewegung oder Modifikationen von Gesellungen der Materie und der Bewegung. Der natürliche Magnetismus ist das allumfassende Gesetz, wonach alles, was ist, sich ihm Verhältnisse gegenseitigen Einflusses befindet, welcher vermittelst ein- und ausgehender Ströme einer feinen Flut zustande kommt, welche so verschiedenartig ist, als es die Urteilchen der Materie sind. Wie man die Bewegung und die Merkmale, welche man beim Magnet

---

[1]) Mesmerismus, S. 110.

wahrnimmt, auch im Eisen künstlich erzeugen kann, so „habe ich — sagt Mesmer — die Entdeckung gemacht, daß es ebenso gut möglich sei, im menschlichen Körper einen Ton der Bewegung von einer Serie des feinen Stoffes aufzuregen, welche Erscheinungen darbietet, denen des Magnets analog." Dieser Ton, nämlich der tierische Magnetismus, kann — wie bereits erwähnt — allen Körpern mitgeteilt und fortgepflanzt werden. Die Fortpflanzung geschieht wie bei dem Licht, dem Schall und der Elektricität durch eine Erschütterung. Wie das Bild eines Gegenstandes oder das Physische eines Gedankens nur das Ergebnis der Eindrücke ist, welche auf die Organe gemacht wurden, so ist es auch möglich, daß der Gedanke, welcher in einer Modifikation der feinen Flut in Hirn und Nerven besteht, gleich Schall und Licht fortgepflanzt und unmittelbar einem andern Organ mitgeteilt werde, welches dem, das ihn erzeugte, ähnlich ist. Ja es scheint, daß der Gedanke gleich einem Gemälde oder einer Schrift sich im Raume in geeigneten Äthergruppen fixieren könne, wie er im Gehirn und Einbildungskraft bleibend wird. So strahlt auch ein Spiegel treu die Formen, Farben und Stellungen von tausend Gegenständen zurück. Wie die Wirkung des Schweredrucks eines Körpers das Fallen ist, so heißt die Wirkung, welche im tierischen Organismus durch den Beweggrund bestimmt wird, Wollen. Die Beweggründe sind für den tierischen Organismus das, was für den Magnet die Ströme und in der Materie die Schwere. Das Lebensprinzip im Menschen besteht in einem Anteil des allgemeinen Lebensfeuers, welches er beim Beginn seines Lebens empfangen hat und welches durch den Einfluß der Allbewegung unterhalten und genährt wird. Wenn die Somnambulen außerordentliche Fähigkeiten zeigen, so sind sie als Ausdehnungen ihrer Empfindungen und Instinkte anzusehen.

Der Mensch befindet sich wie alle andern Dinge im

Ocean des Allgemeinflüssigen und ist mit Organen versehen, welche geeignet sind, „die tonifizierten Bewegungen einiger Serien desselben ausschließlich aufzunehmen." Der von einer unbekannten Serie der feinsten Materie durchdrungen und durch das Sinnesorgan verbreitete Nerv leitet also die von außen modifizierten Bewegungen in das innere Nervenge= webe des Organs der Empfindung, welches der innere Sinn, sensorium commune, genannt wird. Da die ganze von den feinsten Serien jenes Fluidums durchdrungene Natur mit jenen Nervenfäden in unmittelbarer Berührung und Kontinuität ist, so wird der innere Sinn für alle äußeren Modifikationen gleich einem Spiegel empfänglich. Der mit dem Universum in Beziehung stehende Sinn kann als eine Ausdehnung des Sehvermögens betrachtet werden. Es läßt uns nicht nur die Oberflächen, sondern auch die innere Struktur und die konstituierenden Teile wahrnehmen, und wir können nach der Harmonie oder der Dissonanz auswählen, in welcher die Substanzen mit unserer Organisation sich befinden. Darin ist der Instinkt begründet, welcher um so vollkommener ist, je weniger er von den äußeren Sinnen abhängt. Durch ihn können Somnambule von Krankheiten Anschauungen haben und Dinge erkennen, welche zu seiner Erhaltung und Wiedergenesung dienen.

Dies ist — zusammengefaßt — der wichtigste Inhalt der Kapitel über den allgemeinen und tierischen Magnetis= mus, über den Instinkt und den innern Sinn der von Wolfart herausgegebenen und „Mesmerismus" betitelten Schrift Mesmers. Ich lasse nun das ganze vom Somnam= bulismus handelnde Kapitel folgen:[1]

„An der gegebenen Theorie des inneren Sinnes lassen sich, wie schon oben berührt worden, die ebenso mannigfal= tigen als wunderähnlichen Erscheinungen des Somnambulis=

---

[1] Mesmerismus, S. 198—211.

mus erklären, welcher nichts anderes ist als die Entwickelung
gewisser Krankheiten durch einen krampfhaften Schlaf oder
Traum."

„Es sind in der Geschichte der Arzneikunde von diesem sogenannten
Somnambulismus so viele Beweise aufbewahrt worden, daß die Dar=
stellung der Natur desselben nicht anders als für eine interessante Auf=
gabe erachtet werden kann, denn es ist gewiß, daß alle Schattierungen
von Geistesabwesenheit[1]) zu dieser außerordentlichen Krise gehören. In
ihr haben jene wunderbaren Erscheinungen, Ekstasen und Geisterlehren
ihren Ursprung, wodurch so viele Irrtümer und alberne Meinungen
erzeugt werden; und es bedarf keines tiefdringenden Blickes, um einzu=
sehen, daß die Dunkelheit, welche diese Phänomene umhüllt, bei verschie=
denen Nationen je nach den Fortschritten des herrschenden Zeitgeistes
in Verbindung mit der allgemeinen rohen Unwissenheit des Pöbels so
viel religiöse und politische Vorurteile hat herbeiführen müssen."

„Ich kann mit Grund die Hoffnung nähren, daß es meiner The=
orie vorbehalten ist, alle diese schiefen Auslegungen zu heben, welche bis
jetzt über die Erscheinungen gemacht worden sind und in welchen der
Aberglaube und Fanatismus bis daher seine Nahrung gefunden hat, und
ihr wird es die Menschheit verdanken, daß diejenigen, welche durch schwere
Krankheiten oder einen anderen plötzlichen Zufall in den Zustand eines
anhaltenden Somnambulismus kommen, nicht mehr für heilbar gehalten
und aus der Menschheit verstoßen werden."

„Es ist von jeher beobachtet worden, daß gewisse Personen im
Schlafe umhergehen, die verwickelsten Handlungen mit eben derselben
Überlegung, mit der gleichen Aufmerksamkeit und mit noch größerer
Pünktlichkeit als im Zustande des Wachens unternehmen und ausführen.
Und man wird in noch größere Verwunderung gesetzt, diejenigen Fakul=
täten, welche die intellektuellen genannt werden, auf einer solchen
Stufe zu sehen, daß die ausgebildetsten im gewöhnlichen Zustand dieselben
nicht erreichen."

„In diesem Zustande der Krise können dergleichen Wesen die Zu=
kunft voraussehen und sich ihre entfernteste Vergangenheit vergegenwär=
tigen. — Ihre Sinne können sich nach allen Fernen und nach allen
Richtungen ausdehnen, ohne daß ein Hindernis sie hemmt. Kurz es
scheint, als ob die ganze Natur ihnen gegenwärtig sei, der Wille selbst
kann ihnen unabhängig von den durch die Konvention dafür angenom=
menen Mitteln mitgeteilt werden."

---

[1]) Mesmer meint Entbundensein des Geistes vom Körper.

„Indessen sind diese Eigenschaften nach der Beschaffenheit eines jeden Individiums verschieden; die gewöhnlichste Erscheinung ist, in das Innere ihrer und selbst anderer Körper zu sehen und mit der größten Genauigkeit die Krankheiten, den Gang derselben, die nötigen Mittel dafür und ihre Wirkungen angeben zu können. Allein selten vereinigen sie alle diese Vermögensarten in dem nämlichen Individuum."

„Es liegt nicht in meiner Absicht, hier in die umständliche Erzählung der vielfachen Thatsachen einzugehen, welche die Geschichte darbietet, die auch mir durch eine lange Erfahrung persönlich gewährt worden sind, und die sich täglich vor den Augen derjenigen erneuern, die meine Grundsätze in Anwendung bringen; ich wollte lediglich nur eine summarische und richtige Idee von den unzähligen Erscheinungen geben, welche die menschliche Natur dem aufmerksamen Beobachter täglich vor Augen stellt."

„Einige dieser Thatsachen sind unter verschiedenen Benennungen bekannt und zwar vorzüglich unter der des Somnambulismus: einige andere aber wurden gänzlich vernachlässigt und wieder andere sorgfältig unterdrückt.

„Man erinnere sich aus dem früher Gesagten, daß zwischen dem Äther und der Elementarmaterie sich viele Flutreihen befinden, die nacheinander immer flutbarer werden und durch ihre Feinheit alle Zwischenräume durchdringen und anfüllen können: daß unter diesen Fluten eine Reihe sehr wesentlich mit derjenigen zusammenhängt, welche die Nerven des tierischen Körpers belebt und vermöge der Verbindung mit den verschiedenen Fluten, wovon ich redete, alle Bewegungen derselben begleitet, durchdringt und teilt. Da diese Materie der unmittelbare und direkte Leiter aller Modifikationen wird, welche die Fluten, so einen Eindruck auf die Nerven machen sollen, erleiden, wodurch die Fortpflanzung von allen der Nervensubstanz selbst mitgeteilten Bewegungen bis zum inneren Organ der Empfindung geschieht, so wird auf diese Art die Möglichkeit begreiflich, wie das ganze Nervensystem in Beziehung auf die Bewegungen, welche Formen, Farben und Gestalten darstellen, Auge, in Beziehung auf die Bewegungen, welche die Verhältnisse der Oscilierungen der Luft darstellen, Ohr, und endlich zu Organen des Tastsinnes, des Geschmacks und des Geruchs für die Bewegungen werde, welche durch die unmittelbare Berührung der Formen und Gebilde hervorgebracht werden. Nur durch die Betrachtung, wie fein und beweglich die Materie ist, wie genau sie zusammenhängt und den Raum erfüllt, läßt sich einsehen, daß keine Bewegung oder Verrückung in ihren kleinsten Teilen möglich ist, ohne sich bis auf einen gewissen Grad durch

das ganze Universum auszudehnen. Hieraus wird doch nun wohl un=
bestritten die Folgerung gezogen werden können, daß, sowie es kein
Dasein und keine Kombination der Materie giebt, die nicht durch ihr
Verhältnis mit dem Ganzen auch auf diejenige Materie wirkt, in welcher
wir uns befinden, auch alles, was existiert, gefühlt werden kann, und
daß die belebten Körper, die sich mit der ganzen Natur in Berührung
befinden, fähig sind, entferntere Wesen und Ereignisse, wie sie sich ein=
ander folgen, wahrzunehmen und zu empfinden."

„Der oben erklärte Instinkt ist das Mittel, wodurch der schlafende
Mensch von Krankheiten Anschauung haben und alle Dinge unterscheiden
kann, welche zu seiner Unterhaltung und Wiedergenesung dienen."

„Auf eben diese Art ist die Mitteilung des Willens, eine
noch wunderbarer scheinende Thatsache, erklärt."

„Diese Mitteilung kann in der That zwischen zwei Individuen im
gewöhnlichen Zustande nur dann stattfinden, wenn die Bewegung, die
aus ihren Gedanken hervorgeht, aus dem Mittelpunkt bis zu den Organen
der Stimme und den Teilen, womit die natürlichen oder durch Über=
einkunft festgesetzten Zeichen gemacht werden, fortgepflanzt ist; diese
Bewegungen werden sodann der Luft und dem Aether, diesen zwischen
liegenden Mittlern, mitgeteilt, um durch die äußeren Sinnesorgane
wieder aufgenommen und empfunden zu werden. Dieselben durch den
Gedanken im Gehirn und in den Nerven modifizierten Bewegungen
werden zugleich der Reihe einer feinen Flut mitgeteilt, mit welcher die
Substanz der Nerven zusammenhängt, und können nun unabhängig und
ohne Zutritt der Luft und des Aethers sich in unendliche Räume aus=
dehnen, und so sich unmittelbar auf den innern Sinn eines anderen
Individuums beziehen. Hierdurch wird unschwer begreiflich, wie sich der
Wille eines Menschen dem Willen eines andern bloß durch den innern
Sinn mitteilen, und wie folglich zwischen zwei Willen ein Einverständnis,
eine Art Übereinkunft bestehen kann. Dieses Einverständnis zweier
Willen heißt: in Beziehung, Rapport, sein."

„Eine noch weit schwerere Aufgabe scheint ohne Zweifel die Erklärung,
wie Dinge empfunden werden können, die noch gar nicht vorhanden oder
die schon lange vorher dagewesen sind. Ich will es nur sogleich ver=
suchen, diese Möglichkeit durch eine aus dem gewöhnlichen Zustand ge=
nommene Vergleichung anschaulich zu machen. Man stelle einen Menschen
auf eine Anhöhe, von welcher herab er einen Fluß samt einem Nachen
gewahr wird, der dem Strome folgt; er überblickt zu gleicher Zeit den
Raum, welchen der Nachen schon durchlaufen hat, und den, welchen er
noch durchlaufen soll. Wird dies schwache Bild nun auf die Erkenntnis

der Zukunft und Vergangenheit angewendet, indem man sich erinnert, daß der Mensch mittelst seines inneren Sinnes mit der ganzen Natur in Berührung und immer im Stande ist, die Verkettung der Ursachen und Wirkungen zu empfinden, so wird begreiflich, daß die Vergangenheit kennen nichts anderes heißt, als die Ursachen in der Wirkung, die Zukunft aber voraussehen nur heißt, die Wirkungen in den Ursachen zu empfinden, welche Entfernung wir auch immer zwischen der ersten Ursache und der letzten Wirkung annehmen mögen."

„Übrigens hat ja alles, was dagewesen ist, irgend welche Züge hinterlassen, und das, was sein wird, ist schon durch die Gesamtheit der Ursachen bestimmt, welche es verwirklichen sollen; und so wird man leicht zu der Idee geführt, daß alles im Universum gegenwärtig ist, und Vergangenheit und Zukunft nur verschiedene Beziehungen, Relationen, der Teile unter sich sind."

„Da aber diese Art von Empfindungen nur durch Vermittelung von Reihen der Allflut, die um so viel feiner als der Äther sind, als dieser vielleicht die gewöhnliche Luft an Feinheit übertrifft, erhalten werden kann, so mangeln mir die Ausdrücke dafür ebenso gut, als wenn ich Farbe durch Klänge erklären wollte; sie müssen durch Betrachtungen ersetzt werden, welche über die beständigen Vorempfindungen, so die Menschen und vorzüglich die Tiere von großen Naturbegebenheiten in Entfernungen haben, die für ihre sichtlichen Organe unerreichbar bleiben, über den unwiderstehlichen Trieb der Vögel und Fische zu periodischen Wanderungen und vorzüglich über die hierher gehörigen Phänomene, welche sich uns im kritischen Schlafe des Menschen zeigen, angestellt werden können."

„Hier sehe ich, kommt man mir nun mit der Frage entgegen, warum der Zustand des Schlafes mehr dazu geeignet ist, uns dieses Phänomen zu zeigen, als der wachende Zustand?"

„Der natürliche und vollkommene Schlaf des Menschen ist derjenige Zustand, in welchem die Verrichtungen der Sinne aufgehoben sind, d. h. worin der Zusammenhang des Sensorii communis mit den äußeren Sinnesorganen aufhört. Eine Folge davon ist, daß alle die Verrichtungen aufgehoben sind, welche mittelbar oder unmittelbar von den äußeren Sinnen abhängen, wie: die Einbildungskraft, das Gedächtnis, die willkürliche Bewegung der Muskeln, Gliedmaßen, die Sprache u. s. w. Im Zustande der Gesundheit ist der Schlaf des Menschen regelmäßig und periodisch; durch eine gewisse Unregelmäßigkeit in der tierischen Ökonomie aber und durch verschiedene innere Störungen kann es geschehen, daß die sogenannten tierischen Verrichtungen nicht ganz aufgehoben sind, und daß gewisse Muskelbewegungen und die Sprache noch im Schlaf stattfinden. In beiden Fällen, bei beiden Arten des Schlafes, wirken die umgebenden Materien nicht durch die äußeren Organe, sondern unmittelbar auf die Nerven selbst ein. Der innere Sinn wird also zu dem einzigen Organ der Empfindungen; die von den äußeren Sinnen nun unabhängigen Eindrücke werden dadurch, daß sie allein vorhanden sind, auch nur durch sich und an sich selbst empfunden. Zufolge des unabänderlichen Gesetzes, daß immer der schwächere Eindruck dem stärkeren weichen muß, werden also auch diese inneren schwächeren Eindrücke nur bei Abwesenheit der stärkeren empfunden. So sind die Sterne am Tage für uns unsichtbar, weil ihr Eindruck, den unsere Augen von ihrem Lichte erhalten, zu schwach ist, um nicht von dem stärkeren Sonnenlichte verdrängt zu werden. Im Schlafe aber — wie mit Zuversicht behauptet werden darf — fühlt der Mensch seine Berührung mit der ganzen Natur."

„Sowie die Kenntnisse des gelehrtesten Mannes uns ohne Mitteilung immer unbekannt bleiben würden, so stelle ich auch nicht in Abrede, daß es sehr schwer sein würde, sich von der Existenz dieses Phänomens zu überzeugen, wenn es nicht Individuen gäbe, die während ihres Schlafes, dieser sei nun krankhaft oder kritisch, die Fähigkeit behielten, uns durch Reden und Handlungen zu offenbaren, was in ihnen vorgeht."

„Nehmen wir ein Volk an, welches wie einige Tiere beim Untergang der Sonne notwendig einschliefe und vor ihrem Aufgang nicht wieder erwachte; einem solchen Volke würde natürlich nur das Dasein der am Tage sichtbaren Gegenstände begreiflich sein. Würde dasselbe nun benachrichtigt, daß einige Menschen unter ihm, die in jener Ordnung des Schlafes durch Krankheit gestört des Nachts aufgewacht wären und in einer unendlichen Entfernung unzählige leuchtende Körper — gleichsam neue Welten — gesehen hätten, so würde es diese ohne Zweifel ihrer so wunderbar abweichenden Ideen wegen für Träumer halten. Und dieses ist genau jetzt in den Augen der Menge der Fall mit denjenigen, welche behaupten, daß der Mensch im Schlafe die Fähigkeit besitze, seine Empfindungen weiter auszudehnen."

„Der kritische Zustand, von welchem ich hier rede, ist ein Zwischenzustand von Wachen und Schlafen: er kann sich also dem einen oder dem andern mehr nähern, und ist also mehr oder weniger vollkommen. Ist er dem Wachen näher, so haben Gedächtnis und Einbildungskraft noch einigen Anteil; die Wirkungen der äußeren Sinne werden empfunden. Da sich diese Empfindungen mit denen des inneren Sinnes verwirren, zuweilen dieselben überwältigen, so können sie nur in die Kategorie der Träumereien gesetzt werden."

„Wenn dieser Zustand dem Schlafe näher ist, so sind die Äuße=rungen der Somnambulen als das Resultat der Empfindung des inneren Sinnes selbst mit Ausschluß der äußeren Sinne in dem Verhältnis dieses Zusammenwirkens gegründet. Die Vollkommenheit dieses kritischen Schlafes kann je nach Charakter, Temperament und Gewohnheiten des Kranken verschieden sein, vorzüglich aber nach der verschiedenen Art, mit welcher dieser Zustand gleichsam als Erziehung des Somnambulen in Hinsicht auf die Richtung, welche man ihren Fähigkeiten giebt, behandelt wird. Dies läßt sich mit einem Teleskope vergleichen, dessen Wirkung sich nach Maßgabe der Teile, woraus es besteht, und ihrer jedesmaligen Richtung verändert."

„Obgleich im kritischen Schlafe die Substanz der Nerven unmittel=bar erregt ist, so daß die ganze Thätigkeit des Menschen nur vom inneren Sinn geleitet wird, so werden doch die Wirkungen der ver=schiedenen Stoffe auf die Organe der äußeren Sinne, welche besonders für sie bestimmt sind, bezogen."

„Wenn demnach der Somnambule sagt, er sähe, so sind es nicht eigentlich die Augen, welche die Eindrücke des Äthers erhalten, sondern er bezieht auf das Gesicht die Eindrücke, welche die Bewegungen des Lichtes von den verschiedenen Umrissen, Gestalten und Farben in ihm erwecken. Wenn er sagt, daß er höre, so nimmt sein Ohr darum nicht die Modulationen der Luft auf; er bezieht bloß die Bewegungen darauf, deren Eindruck er empfängt. Ebendasselbe gilt auch von den übrigen Organen, und so macht er gleichsam eine Art Uebersetzung, um seine Empfindungen in der für den inneren Sinn gebildeten Sprache auszu=drücken. Da er sich einer Sprache bedient, die ihm fremd und gleichsam geliehen ist, so kann er gar leicht mißverstanden werden, und es erfordert die Erfahrung eines guten Beobachters, ihn richtig auszulegen und zu verstehen. Die Vollkommenheit dieser Empfindung hängt eigentlich von zwei Bedingungen ab, nämlich von der gänzlich aufgehobenen Thätigkeit der äußeren Sinne und von der Disposition des Organs des inneren Sinnes."

„Indem ich gesagt habe, daß dieses Organ in der Vereinigung und Durchflechtung der Nerven besteht, so habe ich darunter nicht einen einzelnen Fleck oder Mittelpunkt, noch auch eine begrenzte Gegend ver=standen, sondern vielmehr das Nervensystem im Ganzen, das heißt die aus den Vereinigungspunkten zusammengesetzte Gesamtheit, wozu das Gehirn, das Rückenmark, die Nervengeflechte und Ganglien gehören.

Die verschiedenen Teile können, was ihre Verrichtungen betrifft, einzeln oder zusammen, wie verschiedene Saiten in einem musikalischen Instrument angesehen werden, welchem nur ihr vollständiger Einklang die Harmonie giebt; auch mit den Wirkungen eines Spiegels kann dies verglichen werden, der unseren Blicken in verschiedenen Richtungen ausgesetzt ist bei mehr oder minder geglätteter, fester, mit Dünsten umgebener oder selbst zerbrochener Oberfläche."

„Um die Wahrheit noch näher zu bestimmen und einen richtigen Begriff von der Vollkommenheit des inneren Sinnes zu geben, sehe ich alle Teile, die ihn konstituieren, als einem Gesetze untergeordnet, einen von dem andern abhängig und alle zu einem Ganzen vereinigt an — ich vergleiche sie mit einer Flüssigkeit, deren Teile alle in einem vollkommenen Gleichgewicht sind, eine durchaus gerade Oberfläche darbieten und so wie in einem Spiegel alle Gegenstände getreu nachzeichnen. Da nun aber klar ist, daß alle Bewegung in diesem Gleichgewichte und seinen Verhältnissen die Wirkungen stören muß, so muß auch die Vollkommenheit der Empfindungen beständig im Verhältnis mit den Störungen vermindert werden, welche in Krankheiten und Krisen den menschlichen Körper treffen."

„Es ist wesentlich, hier wiederholt zu bemerken, daß alle Arten von Geistesverwirrung nichts als bloße Schattierungen eines vollkommenen Schlafes sind. Die Narrheit z. B. findet sich ein, wenn in verschiedenen Eingeweiden solche Stockungen sind, daß ihre Verrichtungen dadurch aufgehoben werden und sie in einen soporösen Zustand geraten, während die natürlichen Organe des Schlafes in einer beständigen und unregelmäßigen Verrichtung sich bewegen und der auf solche Art versetzte Schlaf auf die durch die Krankheit erregten Teile fällt. Die Wirkungskraft des tierischen Magnetismus kann die Heilung selbst dann noch bewirken; die Verstopfungen und Hindernisse, welche die Harmonie des Sensorium commune störten, werden weggeschafft und die angegriffenen Teile aus dem soporösen Zustande gehoben, so daß der Schlaf wieder auf die Organe der tierischen Verrichtungen und der Sinne übertragen wird."

„Hieraus sieht man, wie notwendig und bedeutend es ist, daß in Krankheiten der symptomatische Schlaf von dem kritischen wohl unterschieden werde."

„Nach diesen Erklärungen und nach dem, was ich bereits in der Einleitung und sonst von den alten Vorurteilen sagte, wird man nicht verkennen, an wie vielen Klippen von Irrtümern und Mißbräuchen die Beobachter anzustoßen Gefahr laufen, sobald sie demselben einen zu weit ausgedehnten Glauben beimessen."

„Es ist mir noch übrig, die Frage zu erörtern, warum der Som=
nambulismus sich häufiger und vollkommener zeigt, seit meine Prinzipien
angewandt werden? — Die Ursache davon ist, weil der Magnetismus
eine tonische Bewegung bestimmt, von welcher alle Teile des Körpers
durchdrungen, seine Nerven belebt werden und das Spiel aller Trieb=
federn der Maschine in stets neu erfrischte Bewegung gesetzt wird."

„Die Bewegung habe ich oben mit dem Strom eines Wassers oder
der Luft, der gegen die beweglichen Teile einer Mühle gerichtet wird, in
Vergleichung gebracht. Sie ist es, welche die Krisen erweckt, die zur
Heilung aller Krankheiten unumgänglich nötig sind; diese Krisen haben
sehr oft an dem Schlafe Teil, von dem ich geredet habe, und so wie die
Thätigkeit, wodurch sie hervorgebracht werden, sich bestrebt, in allen
Organen und Eingeweiden dieselbe Harmonie zu schaffen, so muß sie
auch notwendigerweise die Sensation vervollkommnen. Die Fähig=
keiten des Menschen offenbaren sich durch die Wirkungen des Magnetis=
mus, gleichwie die Eigenschaften anderer Körper durch den gesteigerten
Wärmegrad, den die Chemie anwendet, sich entwickeln."

„Aus diesen Grundsätzen und Auseinandersetzungen haben wir
den Schluß zu ziehen, daß die alten Meinungen darum nicht zu ver=
achten sind, weil sich einige Irrtümer an sie anschließen; — daß die
Phänomene des Somnambulismus zu allen Zeiten bemerkt und nach
den jedesmaligen Vorurteilen der Jahrhunderte mit mehr oder weniger
Aberglauben betrachtet wurden; — daß bis jetzt die Natur des Menschen,
besonders im kranken Zustande, immer nur unvollkommen erkannt war,
— und daß die sich zeigenden außerordentlichen Fähigkeiten nur als
Ausdehnungen seiner Empfindungen und seines Instinktes
angesehen werden müssen.

For EU product safety concerns, contact us at Calle de José Abascal, 56–1°, 28003 Madrid, Spain or eugpsr@cambridge.org.